THE CAMBRIDGE CONTACT READERS

General Editors: E. K. BENNETT, M.A., and G. F. TIMPSON, M.A.

Series IV

YESTERDAY AND TODAY IN GERMANY

IM FRIEDEN UND IM KRIEG

BY GEORGE F. TIMPSON

EDITED BY

E. K. OSBORN, M.A. (Cantab.)

WILLASTON SCHOOL

CAMBRIDGE
AT THE UNIVERSITY PRESS
1937

CAMBRIDGE
UNIVERSITY PRESS

University Printing House, Cambridge CB2 8BS, United Kingdom

Cambridge University Press is part of the University of Cambridge.

It furthers the University's mission by disseminating knowledge in the pursuit of
education, learning and research at the highest international levels of excellence.

www.cambridge.org
Information on this title: www.cambridge.org/9781107494657

First published 1937
Re-issued 2015

A catalogue record for this publication is available from the British Library

ISBN 978-1-107-49465-7 Paperback

INTRODUCTION

Im Frieden und im Krieg is a true story based on an unpublished autobiography. Elements in the latter which are of interest mainly to the writer and his family have been omitted, so that this book does not claim to give a complete portrait of the leading character; it could not do so, as he himself wished his incognito to be preserved. In selecting material for this story, I have endeavoured to present in bold outline the main events of a career of exceptional courage and energy, which illustrates some of the finest characteristics of Imperial Germany and the Republic.

I am much indebted to the Baroness Seydewitz for her valuable amendments to the original text, also to Dr Gerhardt Neumann of the Anglo-German Academic Bureau for his advice as to the selection of material. My principal thanks are however due to the hero of the story, for so generously permitting me to use those parts of his manuscript which seemed suited to the purpose of this book, whilst omitting much that was of primary interest to himself. He also selected the songs printed at the end of the story from among his own camp and marching favourites, and supplied the picture of the "Einjährige". For the other photographs I am indebted to the German State Railways, to the Sport and General Press Agency, and to the Hans Andres Verlag of Hamburg. Mr J. A. Foister, B.A., Art Master at Solihull School, very kindly drew the maps.

G. F. TIMPSON

WYCLIFFE COLLEGE,
STONEHOUSE, GLOS.
20 *November* 1936

Inhaltsverzeichnis

Hamburg: in der Altstadt

Im Frieden und im Krieg

I. Trübe Kindheit

Es war in Hamburg im Jahre 1889. Im Eßzimmer eines stattlichen Gartenhauses an der Ritterstraße spielten zwei Kinder. Das ältere, ein hübscher, liebenswürdiger Knabe mit braunem Lockenkopf, hob eben den Deckel einer großen Truhe. „Komm, Walter, wir wollen Räuber spielen. Du versteckst dich hier in der Höhle, und ich führe den reichen Kaufmann vorbei. Wenn er mit mir spricht, springst du heraus und nimmst ihn gefangen. Dann durch=suchen wir seine Taschen und finden was Gutes.“

„Nein, das will ich nicht,“ widersetzte sich der jüngere, dessen dunkles Gesicht von Eigensinn zeugte. „Ich habe Angst, der Deckel fällt zu.“

„Dann steige ich hinein, und du führst den Kaufmann,“ sagte Robert. Es war sechs Uhr abends; sie erwarteten den Vater, der um diese Zeit aus dem Geschäft kam.

„Nein, ich will nicht,“ sagte der fünfjährige Walter. „Ich möchte in den Garten hinaus und in unsern Baum klet=tern.“ Und er lief fort.

Kurz nachher hörte Robert den Vater auf dem Vorplatz; er kam aber nicht sofort herein, sondern sprach lebhaft mit einem andern Herrn. Robert erkannte die Stimme des Hausarztes; sie klang sehr ernst. Nach einigen Minuten kam der Vater ins Eßzimmer. Robert lief ihm entgegen, und der Vater hob seinen Liebling in die Arme und küßte ihn. Robert merkte, daß der Vater bekümmert war, und durch=

suchte nicht wie sonst seine Taschen. „Ihr müßt recht artig und ruhig sein, du und Walter und eure beiden Schwestern. Ihr habt heute einen kleinen Bruder bekommen, aber Mutti ist sehr krank und muß viel Ruhe haben."

Anderthalb Jahr später war in demselben Eßzimmer Familienrat. Die beiden Brüder und ihre Schwestern waren nun Waisen. Die Mutter war damals gestorben, und der Vater ihr nach kurzer Zeit gefolgt. Nun waren alle Verwandten versammelt, um über die Zukunft der Kinder zu beraten, die Großeltern beiderseits und viele Onkel und Tanten. Der Großvater von Vatersseite, Verlagsbuch=händler, machte den Vorschlag, sie ins Waisenhaus zu geben; aber dem widersetzte sich energisch die Großmutter von Muttersseite.

„Ich habe heute einen Brief von meinem Bruder be=kommen," sagte sie. „Er ist ja in England und Südafrika wohlhabend geworden. Daher habe ich ihn gebeten, zu helfen. Er will gern eine Summe für die Erziehung der Kinder bis zum achtzehnten Jahre hergeben, wenn von anderer Seite auch etwas geschieht. Du, lieber Martin, bist in der Lage, scheint mir."

„Ja, wenn es so liegt," erwiderte der angeredete Ver=lagsbuchhändler. „Allein könnte ich es nicht tragen, aber zusammen werden wir es wohl leisten können." Dann einigte man sich über die Verteilung der Kinder innerhalb der Familie.

Einige Jahre später waren Walter und Robert im Land=erziehungsheim Ramm in Holstein untergebracht. Diese Schule wurde viel von Ausländern besucht; die Brüder verlebten dort schöne Jahre. Im Winter liefen sie Schlitt=

schuh auf dem Fluß, im Sommer nahmen sie an der lustigen Heuernte teil. Walters Lust am Klettern hatte hier freies Spiel. Mit seinen Kameraden kletterte er auf die Bäume des großen Gartens. Auch übte er sich an der Kletterstange in der Turnhalle. Einmal fiel er von dem hohen Gestell, an dem sie befestigt war, so schwer auf den harten Boden, daß er stundenlang bewußtlos lag. Das schreckte ihn aber nicht ab; er bestieg acht Tage später wieder einen Baum und stürzte herunter; diesmal blieb ihm die Sprache lange weg, kam aber doch wieder. Es ist ihm noch oft im späteren Leben so gegangen; er war zwar ungeschickt, aber furchtlos; und er hatte Glück dabei.

Die Brüder wurden im Landschulheim nicht vergessen, sondern die Verwandten kamen oft zu Besuch und brachten ihnen Spielsachen und Süßigkeiten mit.

Ein Fest blieb in Walters Erinnerung haften. Gegenüber der Schule wurde ein neues Haus gebaut. Als der Dachstuhl fertig war, wurde das Richtfest gefeiert. Ein Kranz schwebte hoch über dem Dach. Der Baumeister hielt eine Rede, und der Eigentümer dankte allen Arbeitern. Dann wurde gegessen und getrunken. Bei dieser Gelegenheit gab ein junger Arbeiter Walter Schnaps zu trinken, so daß er nur mit Mühe schwankend heimkam.

Die frohen Tage im Landschulheim gingen zu Ende. Die Brüder kamen auseinander. Walter fand ein neues Heim bei seinem Vormund, dem Schwager seiner Mutter. Aber der eigensinnige Knabe, der in seinem Vaterhause schon schwierig zu behandeln gewesen war, und der kein goldenes Märchenreich der Mutterliebe im Gedächtnis trug, bereitete seinen Pflegeeltern manche Schwierigkeit.

Der wohlwollende Onkel verstand es nicht, auf den ver=
schlossenen Knaben einzuwirken. Walter fühlte sich fremd
und einsam; und als er eines Tages entdeckte, daß die
Tante seine Geburtstagsgeschenke auf Abrechnung gesetzt
hatte, war er zornig über diese „Lieblosigkeit". Er schrieb
in sein Tagebuch: „Ich will eure Liebe nicht, aber Achtung
will ich euch abzwingen." Es wurde immer schlimmer. Da
er kein Taschengeld bekam, suchte er dann und wann einen
Groschen beim Einkaufen zu erübrigen. Einmal stahl er
eine Flasche Wein, um seinen älteren Freunden auch ein=
mal etwas zu spendieren. Er wußte, daß er Unrecht tat,
und strafte sich selbst durch sehr lange Kerbschnitzarbeit. Als
dann sein Onkel mit ihm böse war, war er längst mit der
Sache fertig und fühlte sich überlegen.

So kam es schließlich, daß der Onkel eines Tages mit
dem Stock in der Hand in der Tür von Walters Zimmer
stand; aber statt ihn zu schlagen, erklärte er Walter, daß er
aus dem Hause müßte. Der Knabe nahm es gelassen hin.
Seine Tante begleitete ihn hinaus zu einer Familie in
Wandsbek bei Hamburg, in der er nun leben sollte. Sie
fragte ihn unterwegs, was er sich dabei dächte, ob es ihm
leid täte. „Nein!" sagte er kurz.

Er war hart und verschlossen. Auch die Familie in
Wandsbek wird wohl nicht nur reine Freude an ihm erlebt
haben.

II. Harte Jugend

Walter war jetzt etwa dreizehn Jahre alt. Er verdiente
schon sein Taschengeld durch Mathematikstunden. Man
mußte sich nun entschließen, was aus ihm werden sollte.

Sein Klassenlehrer riet, ihn technisch ausbilden zu lassen. Aber als er im März 1899 mit vierzehn einhalb Jahren die Einjährigenprüfung bestand, wurde er doch in die Kaufmannslehre gesteckt. Er kam zu einer Firma, die rohe Häute importierte und verkaufte. Die Häute kamen meist aus Südamerika und Ostindien und wurden an Gerber in Deutschland, Oesterreich, Rußland, Finnland und Schweden weiterverkauft. Walter lernte da alles, was in einem Kontor vorgeht, und er lernte etwas Wichtigeres: tüchtig arbeiten. Kontorstunden dauerten von halb neun Uhr morgens bis abends halb neun, mit anderthalb Stunden Mittagspause; es gab Sonnabends keine freie Zeit, und alle vierzehn Tage sogar einige Stunden Sonntagsdienst. Wenn ein Dampfer nach Finnland abging, mit fünfundzwanzig Sendungen der Firma, arbeitete man bis spät in die Nacht hinein.

Der Chef ließ Walter von einem alten Sprachlehrer zehn schwedische Stunden geben. Als Walter später außerhalb Hamburg wohnte, ließ er ihn etwas früher heimfahren; das war schon ein großes Entgegenkommen. Die Kontorarbeit schien Walter sehr eintönig. Es war ja für ihn eine erfreuliche Abwechslung, wenn er — selten genug — in den großen Hamburger Hafen hinausgesandt wurde. Dann fuhr er mit dem kleinen grünen Rundfahrtdampfer an Riesenkränen und =dampfern vorbei, zwischen vielerlei kleine Schiffe hindurch. Er ging durch die langen Lagerräume, wo er mit der starken Wasserluft zugleich den Geruch der Waren aus aller Herren Ländern einatmete: ein seltsames Gemisch, das er nie vergessen hat. Dann und wann wurde er mit den anderen Leuten vom Kontor

„...in den großen Hamburger Hafen hinausgesandt"

auf den Speicher gesandt, um beim Aufwinden schwerer
Häuteballen mitzuhelfen. Bei seiner Firma gab es noch
keine elektrische Winde. Vier starke Taue liefen durch die
Decken aller Stockwerke; an jedes wurden zwei Mann
gestellt, und auf Kommando des Vorarbeiters wurde
taktmäßig gezogen. In den Pausen wurde Kümmel und
Braunbier getrunken, der Schnaps aus einem Glas, das
herumging; das Bier trank jeder aus seiner Flasche dazu.
Je trockner die Kehlen, desto häufiger die Pausen.

Fünf lange Jahre hatte Walter dieses Leben geduldig
ertragen. Innerlich empörte er sich; und eines Tages kam
diese verhaltene Empörung zum Ausbruch. Man brauchte
ein Buch für Auskünfte; Walter entwarf ein neues System,
das er seinem Chef vorlegte. Dieser prüfte es: „Es soll bei
dem alten Verfahren bleiben," sagte er.

„Dann muß jemand anders die Arbeit machen," platzte
Walter heraus und erschrak selbst über seine Worte.

„Wie können Sie es wagen, mir so etwas zu sagen?"
fuhr der Chef auf.

„Ich muß es Ihnen endlich einmal sagen," brach Walter
los, „die Arbeit hier am Kontor kann ich überhaupt nicht
mehr ertragen."

„Aber ich kann Ihnen doch keine andere Arbeit geben,"
wandte der ältere Mann, schon ruhiger, ein.

„Das mag sein," erwiderte der andere, „aber so geht
es nicht weiter. Ich sehe keine Waren, bekomme keine
Fachkenntnisse, komme nicht auf die Reise; diese Kontor=
arbeit habe ich nun fünf Jahre gemacht, es geht einfach
nicht länger."

„Ich werde mir einmal überlegen, was zu tun ist,"

meinte der Chef. Er war an sich ein sehr gütiger Mensch,
hatte aber wohl nie darüber nachgedacht, was seinen
Lehrling innerlich beschäftigen mochte. Wie Walter
später erfuhr, plante der Chef von dieser Zeit an allerlei
für seine Zukunft, aber sein Leben nahm eine andere
Wendung.

Es gab aber nicht nur schwere Arbeit in dieser Ham=
burger Jugendzeit. Einige Jahre lang wohnte Walter bei
Verwandten draußen in Blankenese, das hoch auf einer
Hügelkette an der Elbe liegt. Dort lernte er einen jungen
Gymnasiasten kennen, mit dem er enge Freundschaft
schloß. Dieser Freund — er hieß Wilhelm — war ein
feinfühliger, begabter Junge, dichterisch veranlagt und zum
Nachdenken geneigt. Er erschloß dem jungen Kaufmann
ein neues geistiges Reich. Zusammen saßen sie am Abend
auf einem der Hügel an der Elbe; Walters Augen wander=
ten weithin über den Strom, hinüber zum fernen Ufer,
hinab, wo vielerlei Schiffe in den Sonnenuntergang
hineinfuhren, hinauf, wo die Türme von Hamburg im
farbigen Dunst sichtbar waren. Wilhelm las vor: was es
alles bedeuten mochte, verstand Walter wohl kaum, aber
es erregte ihn und stimmte ihn nachdenklich. An solchen
Abenden erschloß sich ihm die Natur zum ersten Mal. Auch
begann er zu ahnen, daß es für ihn andere Dinge zu tun
gäbe, als im Kontor zu sitzen.

Diese Ahnung wurde zur Gewißheit, als er später einen
jungen Schauspieler zum Freund gewann. James war
sein Gegensatz in allem: offenherzig, weich, leichtsinnig,
temperamentvoll, mit einer Stimme, in der er jede Ge=
mütsbewegung gleich wiedergeben konnte. James wollte

den Mephisto in Goethes „Fauft, I. Teil" studieren, weshalb
Walter den Fauft so oft lesen mußte, daß er bald das ganze
Drama auswendig konnte. Die beiden Freunde gründeten

„Draußen in Blankenese"

einen Verein, und verbrachten nette Abende mit kleinen
Vorträgen; Walter bereitete einen über Heinrich Heine
vor.

Noch einen dritten Freund gewann er, der, reifer und

überlegener als die beiden anderen, sein treuester Ratgeber
wurde. Ernst, so hieß dieser, führte Walter in einen Kreis
ein, wo man sich Sonnabends von 9 bis 12 Uhr mit Philo=
sophie und Literatur beschäftigte. Man las Werke der
deutschen, skandinavischen und englischen Literatur vor; es
wurden Vorträge gehalten, und eifrig wurde debattiert.
Die meisten Mitglieder waren älter als Walter, der in
tiefer Ergriffenheit allem zuhörte. Alle diese Menschen
schienen ihm wissender, freier, gebildeter als er selbst.

Nach und nach reifte in ihm der Entschluß, sein Leben
anders zu gestalten. Ein halbes Jahr nach dem Gespräch
mit seinem Chef, am ersten Oktober 1904, trat Walter sein
Dienstjahr beim 76. Infanterie=Regiment in Hamburg an.
Während der Dienstzeit entschloß er sich, nie wieder in das
kaufmännische Leben zurückzukehren, sondern auf die
Universität zu gehen und zu studieren. Er hatte etwas Geld
gespart und von einem Vetter M. 1000 geerbt; er hoffte,
sich damit irgendwie durchzuschlagen. Die Verwandten
waren fast alle gegen den Plan, aber die Großmutter und
der ältere Bruder traten dafür ein. „Du bist ganz wie
mein Vater," sagte die Großmutter; „der wollte studieren
und konnte es nicht. Nun wird sein Wunsch in dir wieder
lebendig."

Schweren Herzens besuchte der junge Einjährige seinen
früheren Chef, um ihm seinen Entschluß mitzuteilen. Der
hatte schon davon gehört und sagte sofort:

„Na, Sie wollen studieren? Haben Sie denn auch Geld
genug dazu? Wenn Sie etwas brauchen, so wenden Sie
sich bitte an mich, ich möchte Ihnen gerne helfen."

„Ich habe etwas Geld und will, wenn möglich, dazu=

verbienen," antwortete Walter. „Ich hoffe, mich durch=
zuschlagen; aber wenn es nötig werden sollte, will ich gern
von Ihrem freundlichen Angebot Gebrauch machen. Herz=
lichen Dank!" Drei Jahre später, als Student in München,
mußte sich Walter an ihn wenden. Sie trafen sich auf dem
Münchener Bahnhof, und der Chef versprach sogleich, ihm
M. 3000 in regelmäßigen Monatsraten zu leihen.

Auch der Militärdienst war schwer. Walter war schlank
und von nicht sehr kräftigem Körperbau. Die Einjährigen
wurden scharf gedrillt von Unteroffizieren, die darin geübt
waren, aus Menschen willenlose Teile einer Maschine zu
machen. Das setzte sich fort, als sie in die Kompagnie
eingereiht wurden. Er mußte seine ganze zähe Willens=
kraft zusammennehmen, um nicht zu erliegen. Besonders
quälten ihn im Sommer die langen Märsche mit schwerem
Gepäck.

Die Freizeit verbrachte er während des ersten Halbjahrs
leicht und lustig mit drei Einjährigen. Einer hieß Prinz,
den tauften sie „Hoheit". Der zweite war sehr dick; sie
nannten ihn „Lucullus". Walter bekam den Namen
„Zigeunerbaron", der vierte und jüngste wurde „Baby"
genannt oder „Homunculus, das werdende Menschlein".

Die vier Freunde machten Ausflüge, schoben Kegel,
würfelten zusammen, taten alles mögliche zum Zeitver=
treib. In dieser Zeit dachte Walter ja noch nicht ans
Studium, kleidete sich gut und gab viel Geld aus. Sein
Chef hatte ihm die Hälfte seines Jahresgehalts für die
Militärzeit geschenkt; das waren M. 900. Als er sich ent=
schloß, auf die Universität zu gehen, wurde er sparsam, nahm
Lateinstunden und bereitete sich allmählich für die neue

Laufbahn vor. Wenn man ihn aber ernstlich gefragt hätte:
„Was willst du werden?" so hätte er ehrlich antworten
müssen: „Das weiß ich nicht." Er empfand nur, daß er
bisher in einem engen Tal ohne Sonne gelebt hatte, und
den Ausblick von den Höhen ringsum nicht kannte. Nun
begann der Aufstieg.

Sechs Einjährige, darunter „die vier Freunde"

Beim Übergang zum Studium machte Walter eine
große Dummheit. Man riet ihm, drei Jahre in einer
Schule zu verbringen. Das ging ihm zu langsam. Er
suchte und fand eine Berliner Presse, die sich erbot, ihn
für M. 50 im Monat vorzubereiten. Er fuhr nach der
Hauptstadt. Zu seinem Erstaunen machte ihm der Leiter

den Vorschlag, nach einem halben Jahr einen Versuch zu machen.

„Wie ist das möglich?" fragte Walter.

„Ja," meinte der andere. „Es gibt so und so viele Bücher und so und so viel Seiten; wir haben so und so viel Tage, da können wir uns ja leicht ausrechnen, wieviel wir jeden Tag lernen müssen."

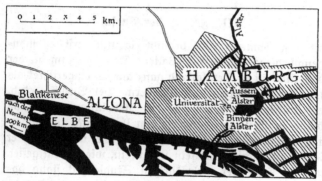

Karte von Hamburg

Trotz einiger Zweifel stürzte er sich Hals über Kopf in diese Arbeit. Allmählich aber erkannte er, daß der Mann ein Schwindler war. Walter nahm noch Einzelunterricht und begab sich in die Prüfung. Er schrieb einige annehm=bare Arbeiten, fiel aber im Latein durch. Er war schon sechs und einhalb Jahre aus der Schule und wollte alles in einem halben Jahre bewältigen!

Die schwere Arbeit hatte seiner Gesundheit geschadet, und sein Selbstgefühl war hart getroffen. Er schämte sich

vor aller Welt, besonders vor seinen Verwandten. Aber
ein Zurück gab es nicht! Den Sommer 1906 über gab er
Nachhilfestunden und machte Übersetzungen, um wenigstens
sein Brot zu verdienen. Da es gelang, gewann er wieder
Mut. Er bereitete sich nochmals vor, und im Frühjahr 1907
bestand er schlecht und recht das Abiturium eines Real=
gymnasiums.

III. Frei ist der Bursch

Mit dem Sommer 1907 begann eigentlich erst ein men=
schenwürdiges Dasein für Walter. Das Studium an der
Universität ist in Deutschland ganz anders eingerichtet als
in den englisch=sprechenden Ländern. Der Bursch — d.h.
der Student — genoß vor der Revolution von 1933
völlige Freiheit. Er wanderte von Universität zu Univer=
sität, er wählte sich seine Studien selbst; er wohnte, wo er
wollte, und richtete sich sein Leben ein, wie es ihm gefiel.
Erst am Ende der mehrjährigen Studienzeit stand das
Examen, entweder ein Berufsexamen oder die Doktor=
prüfung; für diese mußte man eine wissenschaftliche Arbeit
verfassen unter Anleitung eines Professors, den man sich
selber wählte. Der Doktortitel gab keinen Anspruch auf
irgend ein Amt. Da die Studenten durch dieses System
nicht wie in den englischen Colleges genügend organisiert
waren, hatten sie sich selbst Organisationen geschaffen. Die
älteren hießen Korporationen oder Verbindungen. In
diesen war der Student sehr gebunden. In den meisten
spielte das Trinken und Fechten nach alten Regeln und
Bräuchen eine große Rolle. Diese Verbindungen hatten

eben die uralte Tradition hinter sich; ihre Mitglieder waren sehr stolz auf ihre Stellung und sahen auf die anderen Studenten herab, die außerhalb der Korps standen. Im zwanzigsten Jahrhundert ist aber eine neue Organisation entstanden, die Freie Studentenschaft, die sich bemühte, die nicht-inkorporierten Studenten unter einem neuen Programm zu vereinen.

Berlin

Die Korps kamen ja für Walter nie in Frage. Schon in Berlin hatte er einen Blick in diese neue Organisation getan; aber er schloß sich ihr nicht an, weil es ihm an Zeit fehlte. Er war keineswegs einsam, hatte anregenden Verkehr, besonders in der Familie des Landschaftsmalers Julius Wentscher. Die Riesenstadt brachte ihm viele neue Eindrücke, vor allem im Theater; auch genoß er Wandertage in der schönen Umgebung Berlins, die so reich an Seen und Kiefernwäldern ist. Aber ganz wohl fühlte er sich in der Hauptstadt nie; es schien ihm dort eine Art Treibhausluft zu herrschen, die er nicht leiden konnte.

Freiburg

Er wählte Freiburg im Breisgau als zweite Universität und folgte damit den Spuren seines Freundes Wilhelm. Wie dieser wohnte er am äußersten Rande der Stadt, im letzten Haus des Immentals, bei einem Gärtner. Da war er wirklich mitten in der Natur. Der Morgenweg zur Universität führte über den Schloßberg, von dem man auf die Stadt und auf den herrlichen Turm des Münsters hinabsieht. Aber allzu eifrig besuchte Walter das alte

Gebäude dort unten nicht. Lieber durchwanderte er den
Schwarzwald. Er machte viele kleine Ausflüge, gewöhnte
sich auch an einsame Nachtwanderungen in den Bergen.

Berlin, Eingang der Universität

Was konnte er damals nicht aushalten! Er wanderte einmal vier Tage allein und schlief nur eine Nacht im Bett. Als
er am vierten Tage heimkam, kleidete er sich um und ging
zu einem Tanzfest.

In diesem Sommer reiste er auch viel. Die Hauptkirche der Stadt mit ihren reichen Kunstschätzen hatte sein Interesse für die alte deutsche Kunst geweckt. Er holte sich eine Kunstgeschichte aus der Bibliothek, machte Auszüge, reiste dann nach Straßburg, Kolmar, Basel, Donaueschingen, und nahm von den alten Kunstwerken mit eignen Augen auf, soviel sie nur fassen wollten.

Auch das Studentenleben zog ihn an. Er ging in die literarische Abteilung der Freien Studentenschaft und las ein Drama in Versen „Theoderich" vor, das er in wenigen Tagen gedichtet hatte. Das Drama wurde von einigen jungen Berlinern streng kritisiert. Walter hatte in diesen Jahren viel für sich allein gelebt und mußte noch lernen, sich einzuordnen und mit anderen gut auszukommen. Kurz danach hielt der Vorsitzende der Freien Studentenschaft eine Bismarck=Rede. Walter wagte es, ihn anzugreifen, weil er allzu viele Fremdwörter benutzt hätte.

In der Aussprache über sein Drama hatte er von der Liebe Theoderichs, der Römer geworden war, zur Germanin Kriemhild gesprochen. „Ja, woran merkt man denn im Stück, daß er sie liebt?" fragte einer der Kritiker.

„Unter anderem daran, daß alle anderen sie mit ‚Königin' anreden, er aber ‚schöne Frau' zu ihr sagt," erwiderte Walter und wollte fortfahren, aber ein schallendes Gelächter brachte ihn zum Schweigen.

Bei dem nächsten Freistudentenfest wurde ein Stück „Theodor und Erich" aufgeführt, natürlich eine Parodie auf „Theoderich". Darin trat Erich vor:

„Ach, wie liebe ich diese Frau!" rief er leidenschaftlich aus, „doch wie soll ich's ihr nur sagen?...Nun hab' ich's!"

Und als sie hereintrat, warf sich Erich ihr zu Füßen und
sagte nur immer:

„Schöne Frau, schöne Frau, schöne Frau...."

Sie wußte nicht, was er wollte und ging wieder hinaus;
er blieb verzweifelt zurück:

„Nun hat sie wieder nichts gemerkt!"

Es war wirklich witzig gemacht. Walter saß in der ersten
Reihe und lachte mit. Erst ein Jahr später, in München,
erkannte er klar, daß er kein Dichter war.

München

Nach dem schönen Sommersemester in Freiburg bezog
Walter die Universität München, und folgte damit wieder
den Spuren seines Freundes, der inzwischen sein Studium
beendet hatte. Es war ein wunderbarer Herbstabend, als
er zum ersten Male die Stadt betrat, die ihm lange als
Paradies junger strebender Menschen vor Augen geschwebt
hatte. Hier verlebte er drei herrliche Semester. In der
köstlichen Luft dieser Künstler= und Studentenstadt warf er
die letzten Schatten seiner verkümmerten Kindheit und
seiner bedrückten Jugend von sich ab.

Die Münchener liebten ihre Studenten. Im ersten
Semester bezahlte Walter nur M. 18 im Monat für seine
kleine Studentenbude, nahe beim Englischen Garten. (Das
Wintersemester dauert 4, das Sommersemester 3 Monate.)
Besonders rührend sorgte seine erste Wirtsfamilie für ihn.
Wenn er abends heimkam und vergessen hatte, sich etwas
zum Abendbrot mitzubringen, so sprangen womöglich Mann
und Frau und zwei Jungens fort, um rasch alles für ihn
einzuholen.

Im Sommer wie im Winter lockten die nur wenige Stunden entfernten Berge von den Büchern fort. Walter lernte steigen, klettern, skilaufen. Oft saß er oben auf

„Oft saß er oben..."

irgend einer Höhe und genoß die prachtvolle Aussicht. Meilenweit sah er hinaus ins blühende Land, oder über die schneebedeckten Berge hin, oder hinab auf die wallende Wolkendecke, die ihn von der Erde trennte.

Die schönste Bergbesteigung gelang im November 1908. Sie fuhren hinaus nach Oberstdorf, zu dritt, davon einer ein geübter Kletterer, der ihr Führer war. In München war ihnen „wenig Schnee" gemeldet worden. Deshalb beschlossen sie, noch in der mondhellen Nacht zur nächsten Hütte aufzusteigen. Aber sehr bald waren sie im metertiefen Schnee, der alle Wege überdeckte, sodaß sie an den Telegraphendrähten entlang aufsteigen mußten. Sie hatten keine Skier mit, und brauchten für einen Weg, der sonst anderthalb Stunden gekostet hätte, die ganze Nacht. Ähnlich erging es ihnen die nächsten Tage.

Schließlich wollten sie wieder umkehren, aber sie stiegen doch noch einen schrägen Hang am Hochvogel hinauf, zu einem Joch, das weiten Ausblick versprach. Oben angekommen sahen sie, daß die andere Seite des Berges vom Winde ganz freigelegt war, sodaß sie wie im Sommer hinaufsteigen konnten. Da standen sie dann im November 2600 m. hoch; 1800 m. unter ihnen lag das Tal mit Dorf, Kirche, Fahrzeugen und Fußgängern, wie ein winziges Spielzeug. Oben aber gab es in klarster Luft einen Alpenrundblick von 40–50 km. Ein unvergeßlicher Tag!

Im Winter wird in München der Fasching gefeiert. Die Sitten und Bräuche hängen gewiß mit den alten griechischen und römischen Frühjahrsfesten zusammen. Vom Januar an folgen Tanz-, Kostüm- und Maskenfeste immer dichter aufeinander. Die jungen Menschen, die in München Wissenschaften, Kunst, Musik und Technik studieren, werden immer wilder und ausgelassener. Die letzten drei Tage bilden den Höhepunkt. Ein Umzug mit Hunderten von lustigen Figuren, die alles und alle verspotten, zieht durch

die geſchmückten Hauptſtraßen. Dann folgt mit Aſcher=
mittwoch die Rückkehr zum Alltagsleben.

Walter ließ ſich mittreiben. In den Bergen hatte er
eine Freundin gefunden. Sie waren beim Skilernen auf
einem Übungshang ſo zuſammengeſtoßen, daß ſie es ſchwer
hatten, ihre Bretter und Glieder wieder auseinander=

„...mit Hunderten von luſtigen Figuren"

zufinden. Nun tanzten ſie viel zuſammen. Ihr ſchönſter
Abend war ein Künſtlerfeſt in der Schwabinger Brauerei.
Walters Freundin war Schülerin der Kunſtgewerbeſchule;
mit ihrer Hilfe hatte er ſich ein arabiſches Koſtüm machen
laſſen und fühlte ſich in der leichten, farbigen Tracht ſehr
wohl. In einem Saal ſpielte eine Gruppe Straßen=
muſikanten mit Dudelſack eine ſo unerhört erregende Muſik,

daß viele Menschen sich einzeln in wilden Phantasietänzen bewegten, mitten im Saal, bunt durcheinander. Aber allen lag ein jugendlicher Rausch, obwohl die meisten zu wenig Geld hatten, um viel zu trinken. „Jugend ist Trunkenheit ohne Wein!" lautet das Wort Goethes.

In München wurde Walter ein reger Mitarbeiter in der Freien Studentenschaft. Er gehörte dem Vorstand der literarischen Abteilung an, die hier manch unvergeßlichen Abend veranstaltete. Bald versah er mehr als ein Amt, wodurch ihm Pflichten und Verantwortlichkeit auferlegt wurden. Er lernte dabei mit Menschen aller Art umgehen, Versammlungen leiten, frei reden und diskutieren. Er wurde nach und nach in die brennenden Fragen des studentischen und öffentlichen Lebens hineingezogen.

In München hat Walter auch seine ersten wissenschaftlichen Anregungen bekommen, besonders von Hermann Paul, dem berühmten Germanisten. Es war ein kleines Männchen, das sehr leise sprach. Als Walter seine Vorlesungen einige Male besucht hatte, lief er ihm davon. Dann las er sein Werk „Prinzipien der Sprachgeschichte", kehrte reuig zurück und setzte sich in die vorderste Reihe. Paul war gar nicht trocken, sondern er hatte einen feinen Humor.

Da er nun ernstlich zu arbeiten begann, machte Walter im zweiten Münchener Winter den Fasching nicht mehr mit, obwohl es nicht leicht war, sich davon fern zu halten. Auch war es für ihn nicht gerade angenehm, daß seine Freundin viel mit einem rheinländischen Maler zusammenging. Er sah ein, daß er, wenn er weiterkommen wollte, in die kühle, nüchterne Luft Norddeutschlands zurückkehren müßte.

Als er über Dresden und Berlin heimfuhr, durch weite flache Landstriche, in denen alles so zweckmäßig geordnet dalag, spürte er recht, daß er nun sein Studium auch planmäßig zu Ende führen müßte.

Kiel

Wie viele Hamburger hatte er Kiel zum Abschluß seiner Studien gewählt, eine Universität, an der viel gearbeitet wurde, obwohl die Stadt an der schönen Föhrde liegt, so daß die See immer zu Ausflügen, Baden und Segeln verlockt.

Das Leben der Stadt bietet wenig, was vom Studium ablenkt; es ist das deutsche Chatham, voll von Matrosen, Offizieren und den zahlreichen Arbeitern der großen Werften. Walter fand, daß die Studenten hier viel tranken. Das führte ihn zur Beschäftigung mit der Alkoholfrage. Als er den Selbstmord eines älteren trunkfesten Studenten erlebte, wurde er 1910 ganz abstinent und gab gleichzeitig das Rauchen auf.

Walter kam nach Kiel, um in spätestens anderthalb Jahr fertig zu werden. Aber hier begegnete er einem Professor, der so starken Eindruck auf ihn machte, daß er noch drei Jahre weiterstudierte. Friedrich Kauffmann, so hieß er, war ein Sonderling und selbst für seine Doktoranden unnahbar. Walter hatte sich den Plan für eine Doktorarbeit aus München mitgebracht.

Nach neun Monaten brachte er dem Professor seine Arbeit. Dieser bestellte ihn in seine Sprechstunde, da er noch einige Anmerkungen zu machen hätte. Walter ging hin, bereit, seine Ideen bis zum Äußersten zu verteidigen.

Aber es kam ganz anders. Sein Selbstgefühl war der
sarkastischen Art des Lehrers sowieso kaum gewachsen. Nun
saß er ihm gegenüber auf einem wackeligen Stuhl.

„Haben Sie schon einmal darüber nachgedacht, Herr
Kandidat," so fing der Professor mit rauher Stimme an,
„wodurch sich Kunstprosa von rein wissenschaftlicher Prosa
unterscheidet?"

„Nein, Herr Professor."

„Das müssen Sie aber. Sie müssen diese Frage unter=
suchen." Da merkte Walter, daß damit seine ganze Arbeit
einfach bei Seite geschoben war. Aber er war dem Manne
nicht böse; im Gegenteil, er bewunderte ihn und zog be=
geistert ab.

Dreiviertel Jahr später legte er Kauffmann die Arbeit
zum zweiten Male vor.

„Jetzt gefällt sie mir weniger, als das erste Mal," sagte
dieser. Das war Weihnachten 1910. Walters Geld war
längst zu Ende. Er war wirklich in Not. Zwei Monate
lang zerriß er abends, was er tagsüber geschrieben hatte.
Dann endlich fand er den richtigen Weg, und im November
1911 bestand er die Doktorprüfung.

Aber auch diese Prüfung hätte er beinahe versäumt.
Während seiner Arbeit hatte er das altenglische Gedicht
„Beowulf" studiert, und Anfang November 1911 hatte er
eine Entdeckung darin gemacht, die wohl zur Geschichte
der Entstehung des Gedichts etwas beitragen könnte. Diese
Entdeckung füllte ihn mit einer Art Rausch. Er lief stunden=
lang am Wasser spazieren, redete laut vor sich hin, arbeitete
und plante. Wenn er solche Entdeckung machen konnte, so
war er wohl zur Wissenschaft berufen. Die Erregung hielt

ihn bis tief in die Nacht hinein wach. Am elften November mußte er sich nachmittags etwas hinlegen und schlief wider Erwarten ein. Er hätte die Doktorprüfung verschlafen, wenn ihn seine Wirtin nicht noch im letzten Augenblick geweckt und in den Frack geholfen hätte.

Studientage

Walter fuhr am folgenden Tage nach Hamburg, um seinen Verwandten den Erfolg mitzuteilen. Als er das Zimmer seiner Großmutter betrat, stand sie am Tisch. Sie sah ihn an, zitterte und fragte:

„Du? Haſt du wohl deinen Doktor gemacht?"

Walter nickte nur. Die Großmutter weinte vor Freude.
Der Großvater, ein ſonſt ſehr ſtrenger und ſparſamer Mann,
fragte ihn nach ſeinen Schulden.

„Wenn es M. 2000 ſind, will ich ſie bezahlen," ſagte der
alte Herr.

„Nein, Großvater, das ſollſt du nicht; denn erſtens ſind
es viel mehr und zweitens werde ich ſelbſt damit fertig,"
antwortete Walter.

Er hatte in der Tat etwa M. 7000 von alten, wohl=
habenden Freunden aufgenommen und wußte, daß der
Großvater nur ſehr beſcheiden von ſeinen Zinſen lebte,
ſeitdem er ſich vom Geſchäft zurückgezogen hatte.

Der glückliche Großvater ſchenkte ihm dann eine Brillant=
nadel. Die ganze Familie war ſtolz auf ihren einzigen
Doktor, obwohl mancher ſich wohl im Stillen fragte,
wovon er ſich künftig ernähren ſollte. Das war auch für
Walter eine ſchwere Frage. Mehr Schulden wollte er
nicht machen. Sollte er ſich für die Staatsprüfung vor=
bereiten, um Oberlehrer zu werden? Nein. Er dachte an
ſeine Entdeckung. Er würde irgendwie ſein Brot verdienen
und ſich weiter der Forſchung widmen. Es war ein kühner
Entſchluß. Und wieder hatte er Glück dabei.

IV. Freibeuter

Auch in Kiel hatte Walter regen Anteil an der Freien
Studentenſchaft genommen. Im Sommerſemeſter 1909
kamen dort einige tatkräftige Menſchen zuſammen, die

Walter kennenlernte. Sie gründeten die Kieler Freie
Studentenschaft. Dabei gewann Walter Erfahrungen, die
ihm später sehr nützlich waren. Man mußte mit den Kor=
porationen und den Universitätsbehörden verhandeln, Re=
kruten finden, Gelder aufbringen. Walter gab eine Semester=
schrift heraus, die seiner Organisation Ansehen brachte,
fünf Jahre hindurch, jedes halbe Jahr ein Heft. Er nahm
als Vertreter der Kieler Organisation an den Freistuden=
tentagen teil, die jährlich zu Pfingsten in Weimar statt=
fanden. Da lernte er die älteren Führer der Bewegung
kennen und wurde selbst in den Jahren vor dem Kriege
allmählich einer der Führer. Er verteidigte die Bewegung
in der Presse und redete darüber an vielen Universitäten.
Unter anderem gründete er das Amt für Studienreisen ins
Ausland. Die Freie Studentenschaft wurde ihm sozusagen
zur Brücke, die ihn vom studentischen Leben in die weite
Welt hinausführte.

Schon im Jahre 1909 hatte er allein eine Studienfahrt
von drei Monaten nach England gemacht. Er begann mit
vier Wochen Erholung in Keswick im „Lake District," besuchte
u.a. Liverpool, Manchester, Birmingham, Oxford und war
zuletzt etwa sechs Wochen in London. Ein großes Erlebnis
für ihn war dieser erste kurze Aufenthalt in einem fremden
Lande. Er lernte die Engländer und ihre Kultur verstehen.
Das brachte ihm zugleich ein tieferes Verständnis für sein
eigenes Land. Er fühlte stärker als vorher seine Verwurze=
lung im deutschen Boden und seine Liebe zur Heimat, und
doch auch Achtung vor der Eigenart des britischen Volkes.
Er entwickelte seinen Plan, regelmäßige Studienreisen zu
organisieren, um die Studenten der verschiedenen Länder

zusammenzubringen. Mit der Hilfe von Freunden wurde
sofort das „Anglo-German Students' Committee" in London
gegründet, dem u. a. Lady Courtney of Penwith angehörte.
Trotz der Versuche der Korporationen, den Plan zu vereiteln, gelang es Walter im Jahre 1910, eine Studienfahrt
nach England mit über 60 deutschen Studenten durch=
zuführen, darunter sogar einige Korpsstudenten. Die Fahrt
war für alle Teilnehmer unvergeßlich. Die Studenten
besuchten London, Cambridge, Oxford, Birmingham, Man=
chester und den "Lake District„. Überall wurden sie von
hohen Beamten sowie von Privatpersonen mit herzlicher
Gastfreundschaft empfangen. Diese Studienfahrt deutscher
Studenten nach England war der erste Versuch solcher Art.
Er erweckte in den Herzen der deutschen Teilnehmer den
lebhaften Wunsch, englischen Studenten einen gleich herz=
lichen Empfang in Deutschland zu bereiten.

Im Sommer 1912 kam die gewünschte Gelegenheit.
Walter wurde aufgefordert, eine Studienreise englischer
Studenten durch Deutschland zu organisieren. An einem
schönen Juniabend stand er also am Kai in Cuxhaven, wo
der Riesendampfer „Kaiserin Augusta Viktoria" soeben
aus Amerika angekommen war. Auf dem Schiff befanden
sich dreißig englische Studenten, die in Plymouth zwei
Tage vorher an Bord gegangen waren. Darunter waren
z. B. der Präsident und Vize=Präsident von der Cambridge
"Union Society„ und der Redakteur der „Granta".

In einem kleinen, von dem Cambridge Universitätsverlag
herausgegebenen Heft zeugten später die Teilnehmer von
der wundervollen Gastfreundschaft, die sie überall auf
ihrer Reise von Hamburg über Kiel, Lübeck, Berlin, Jena

und Weimar bis nach München erlebt hatten. Gegen Ende des Hefts stehen folgende Worte:

"At Weimar we parted reluctantly from the untiring Dr —, to whose forethought and resource we owed so much, and whose unfailing efforts to provide us with opportunities and to see that we benefited by them had given character to the whole journey."

Am Kai in Curhaven

So hatte Walter sich schon in zwei Ländern als eifriger Mitarbeiter für internationale Freundschaft erwiesen. Nun sollte er es in einem dritten Land, in einem anderen Erdteil versuchen.

Im Jahre 1913 erhielt Walter eine Anfrage aus den Vereinigten Staaten, ob er eine Gruppe deutscher Student= en zum achten Internationalen Studentenkongreß an der

Cornell=Univerſität in Ithaca führen wolle. Die Reiſe wurde auch durchgeführt. Unterwegs beſuchten ſie Oxford, wo der „Vice-Chancellor" und die „Heads of Colleges" ſie bewirteten.

In Amerika ging alles nach Wunſch; es gab nur einen tragikomiſchen Zwiſchenfall. Die Deutſchamerikaner, guten Willens, hatten die Gruppe innerhalb ſechs Wochen zu 25 Bierabenden eingeladen. Da man aber hinüber= gereiſt war, um die Vereinigten Staaten von allen Seiten kennen zu lernen, nicht um Bier zu trinken, hatte Walter vertraulich an den Vorſitzenden des Komitees in Neu=York geſchrieben und ihn gebeten, die Sache doch etwas anders einzurichten. Wie die Studenten in Philadelphia ankamen, war kein Deutſchamerikaner zu ſehen; aber im Hotel lagen Zeitungen aus, in denen der vertrauliche Brief abgedruckt war. Zuerſt ärgerten ſich die Studenten darüber; ſie glaubten, Walter hätte ſeine Stellung mißbraucht, um ſeine Anſichten über die Abſtinenz zur Geltung zu bringen. Es gelang ihm, ſowohl dort, wie bei dem Ausſchuß in Neu= York, alles aufzuklären; doch war mittlerweile die ganze Sache nach Deutſchland hinübergekabelt worden. Die Tagespreſſe griff Walter an; die Abſtinenzpreſſe pries ihn als Helden. Als er zurückkehrte, mußte er ſich vor einem Ausſchuß verantworten, was nicht ſchwer war.

Als er ſich im Frühjahr 1912 in Hamburg niederließ, hatte Walter nur M. 20 in der Taſche. Es ſah trübe aus. Zwar konnte er in der Staatsbibliothek ohne Entgelt die beſten Bücher ſtudieren, aber wovon ſollte er leben? Die Deutſchlandfahrt engliſcher Studenten hatte ihm nur eine ſehr kleine Einnahme gebracht; aber dabei hatte er eng=

lische Studenten kennengelernt, die in den Ferien als
Schüler zu ihm kamen.

Walter erwies nun eine ganz besondere Fähigkeit, sich
mit dem jungen Engländer zu befreunden, und sein Interesse für die deutsche Literatur zu erwecken. Das verdankte er teilweise seiner Herkunft, teilweise dem Verständ-

„Er treibt viel Sport"

nis des englischen Charakters, das er auf seinen Reisen
gewonnen hatte. Dem Hamburger ist überhaupt die englische Denkungsart sehr sympatisch. Er treibt viel Sport,
und lebt in regem Verkehr mit allen seefahrenden Völkern.
Diese Hamburger Studientage waren umso interessanter,
da ein anderer junger Hamburger, der eben aus Mexico
zurückgekommen war, den Unterricht mit Walter teilte, und
sich auf Ausflügen zu ihm gesellte. Er hatte in Mexico

viele Abenteuer erlebt, und war ein besonders guter
Kamerad. Er sollte nach einigen Jahren eine wichtige
Rolle in dem politischen Leben Hamburgs spielen. Doch
darauf kommen wir später zurück.

Walter hatte jetzt das Glück, daß er Mode wurde, und
zwar als Redner in Privatkreisen, die in den Häusern wohl=
habender Bürger ringsum die Alster zusammentrafen.
In sechs Monaten verdiente er M. 3000, und im nächsten
Winter etwa die Hälfte. Jetzt konnte er eine nette Wohnung
beziehen, wo auch seine Schwester ein Heim fand.

Im Juli 1914 aber war eine neue Wendung in Walters
Leben eingetreten. Er hatte seine eigenen wissenschaft=
lichen Arbeiten fortgesetzt und von Zeit zu Zeit darüber in
der Deutschen Gesellschaft referiert. Von dem Leiter dieser
Gesellschaft erhielt Walter eines Tages eine Karte, er möchte
ihn aufsuchen. Bald saß Walter vor dem Professor.

„Haben Sie Lust, als wissenschaftlicher Hilfsarbeiter bei
mir einzutreten?"

Walter jubelte innerlich, sagte aber: „Ich habe vor,
selbst wissenschaftlich zu arbeiten. Wenn ich dafür Zeit
übrig habe...."

„Sie würden täglich sechs Stunden Arbeitszeit haben;
davon könnten Sie die Hälfte für Ihre eigenen Studien
verwenden. Das Anfangsgehalt ist M. 200 monatlich."

Walter schlug zu und trat am ersten August 1914 seine
erste wissenschaftliche Stellung an. Als er an diesem Tage
heimkam, stand auf seinem Tisch eine grüne Vase mit
wundervollen Rosen. Er riß den beiliegenden Briefum=
schlag auf und las:

„Herzlichen Glückwunsch, Du lieber arbeitsfroher
Mensch!"

Die Gabe kam von dem jungen Mädchen, das später seine Frau wurde.

Drei Tage danach mußte Walter sich auf dem Schlacht=viehhof in Hamburg als Unteroffizier der Landwehr stellen. Der Krieg war ausgebrochen.

V. Im Weltkrieg

Als die lange Kolonne durch die Straßen Hamburgs nach dem Bahnhof marschierte, zwischen Reihen bekümmerter Frauen, dachte Walter an das Buch von Wilhelm Lamszus, „Das Menschenschlachthaus". Sollte das alles Wirklich=keit werden? Nein, es war unmöglich; es müßte ein Traum sein! Am nächsten Tag erfuhr man, daß England Krieg erklärt hatte. Da erst wachte Walter auf. Er kannte Eng=land und glaubte jetzt an eine lange Dauer des Krieges.

Nach einigen Monaten auf der Insel Sylt kam das Regiment an die Argonnen; vom Februar 1915 bis Oktober 1918 blieb Walter an der Westfront und lernte sie von den Argonnen bis zur flandrischen Küste kennen. Anfangs war er Unteroffizier, genauer gesagt, Fernsprechunteroffizier. In seiner ersten Nacht im Schützengraben wurde er in ein Grabenstück geleitet, wo ein Offizier des vorigen Regiments und sein Telephonist zurückgeblieben waren. „Hier gibt es Morgen=, Mittag= und Abendsegen", sagte sein Führer, als er ihn verließ. Der Morgensegen kam bald. Eine Granate streifte das leichte Dach des Unterstandes und schlug gegen die gegenüberliegende Grabenwand. Das Licht erlosch. Es wurde zwar niemand verwundet; doch war der Tele=phonist zu aufgeregt, um die Telephonverbindung wieder herzustellen. Walter brachte alles in Ordnung und legte sich schlafen. Nachmittags sagte der Offizier zu ihm: „Haben Sie aber Nerven! Sie haben ja den Mittagsegen verschlafen."

Dann hatte das Regiment fast zwei Jahre lang am West= rand der Argonnen eine Stellung, die allmählich ausgebaut wurde. Die vorderste Linie lag am Rand eines Tales; die

Feldgottesdienst am Aisne=Kanal

Reserve=Unterstände waren am Abhang. Die Franzosen oben im Walde konnten von einigen Stellen aus in das Lager hineinsehen; sie setzten Scharfschützen ein; und später gelang es ihnen, sogar eine 2,5 cm. Kanone dort oben anzubringen. Die Deutschen mußten angreifen. Nach tagelangem, erbittertem Kampf gelang es der deutschen Division, die Franzosen aus ihrer Stellung zu vertreiben;

aber als Walter und seine Freunde im Heeresbericht lasen:
„Im Argonnerwald haben wir unsere Linie begradigt",
waren sie über das trockene Wort empört. Sie hatten viel
erlitten, viele Kameraden verloren, und jetzt....Es war ja
ihr erstes Gefecht. Später gewöhnten sie sich an den Ge=
gensatz zwischen Heeresbericht und Fronterlebnis.

Deutsche Truppen im Argonnerwald

Im Oktober wurde Walter vor dem Feinde zum Offizier
befördert, und wurde ein halbes Jahr später Regiments=
Nachrichtenmittel=Offizier. Er mußte sämtliche Nachrichten=
mittel für das Regiment und seine drei Bataillone auf=
und ausbauen: Telephon, Lichtsignale, Gasalarm, Leucht=
kugeln, Einsatz der drahtlosen Telegraphie, und den nötigen
Unterricht dazu erteilen. Er hatte schon als Unteroffizier
auf diesem Gebiet gearbeitet. Nach einem Gefecht bekam

er unmittelbar vom Regimentskommandeur das E. K. II.
(Eisernes Kreuz zweiter Klasse), weil seine Fernsprecher
nach einem von ihm ausgearbeiteten Plan Hervorragendes
geleistet hatten; über die Leitungen, die er beim Angriff
hatte legen lassen, gingen auch die Meldungen des würt=
tembergischen Nachbarregiments, z. B. als Munition in der
neu eroberten Linie dringend benötigt wurde. Im letzten
Jahre des Krieges hatte Walter drei Offiziere und hundert=
zwanzig Mann unter sich und bekam die Zulage eines Kom=
pagnieführers.

Die immer nahe Gefahr war schlimm genug; schlimmer
noch das Leben in Nässe und Schmutz. Monate=, jahrelang
in einem großen Haufen Menschen zu leben, die sich nur
selten waschen konnten. Immer von Läusen und Flöhen
geplagt, im Schlaf von Ratten überlaufen, die fett waren
vom Fraß der Kameraden im Friedhof. Entsetzlich der
süßliche Geruch der nahen Ruhestätte für Soldaten, die
immer wieder von Granaten aufgepflügt wurde. Schließ=
lich die Dauer, die Hoffnungslosigkeit dieses Krieges. Wie
konnte sich die Seele gegen diese Wirklichkeit verteidigen?
Der eine trank, der andere spielte Karten, Nächte hindurch.
Wie fand Walter seinen Weg durch diese Hölle?

Trotz der strengen Trinksitten im Offizierskasino, blieb er
Abstinent und Nichtraucher, auch als er im Felde zum
Offizier ernannt wurde. Er spielte gern Schach. Er las
viele gute Bücher, die ihm ein Freund ins Feld sandte,
darunter Thackerays „Vanity Fair" auf englisch, Rollands
„Jean Christophe" auf französisch. „Wenn nun ein Angriff
kommt und ich erschlagen werde, sehen die Angreifer noch
am Buch in meiner Hand, daß ich ein Feind wider Willen

Nachrichten aus der Heimat

war," dachte er für sich, während er im Schützengraben diese Bücher las. Er schrieb auch viel, z. B. Erinnerungen aus der Studienzeit, nicht um sie zu veröffentlichen, sondern um sich geistig lebendig zu erhalten, um die furchtbare Wirklichkeit auf einige Stunden aus den Gedanken zu vertreiben. So kam er durch den Krieg. „Schlimmer als im Trommelfeuer kann es nicht mehr kommen!" hat er sich seitdem oft gesagt. Er hat sogar eine neue, tiefe Lebensfreude gewonnen, eine größere Freiheit im Denken wie im Handeln, eine stärkere Fähigkeit, sich dem Augenblick hinzugeben.

Nicht allen Kameraden im Heere gelang es. Manche konnten nicht durchhalten, liefen zum Feinde über, brachten sich selbst Wunden bei, nahmen sich das Leben oder wurden gar wahnsinnig. Eines Morgens wurde Walter von ganz ungewöhnlichen Geräuschen geweckt. Er sah aus seinem Unterstand heraus und entdeckte auf der anderen Seite des Tales einen Mann, der von hinten auf das Lager schoß. Es war ein deutscher Soldat. Walter rief ihn an, erhielt aber nur wirre Antwort. Plötzlich fiel ihm etwas ein.

„Kamerad, hast du heute morgen schon einen Schnaps gehabt?" schrie er hinüber.

„Nein!"

„Na, dann komm nur herüber, du sollst einen haben." Walter ging ihm durch den Schlamm des Talgrunds entgegen, nahm ihm freundlich das Gewehr ab und war sehr froh, als er es in Händen hielt. Der Mann bekam seinen Schnaps, wurde abgeführt und in eine Irrenanstalt gebracht.

Der Lagerkommandant, ein dicker Oberstleutnant, kam später und sagte lachend: „Für einen Abstinenzler haben

Sie die Sache mit dem Schnaps gut gemacht." Walter
aber lachte nicht mit; der wahnſinnige Soldat ſchien ihm
ein Symbol des ganzen Krieges.

Es war nicht leicht, bei der Abſtinenz zu bleiben. Walter
verſuchte immer, wenn die Frage erörtert wurde, das
Lachen auf ſeine Seite zu bringen. Im Juli 1918 kam als
Regimentskommandeur ein Major, der nie vorher an der
Front geweſen war; ihn ärgerte es, daß ein Leutnant es
wagte, beim Trinken, Rauchen und Kartenſpielen nicht
mitzumachen. So fragte er eines Tages ſpöttiſch:

„Sagen Sie mal, man ſoll doch ſo viel Geld ſparen, wenn
man nicht raucht und nicht trinkt; wo haben Sie das?"

„Dafür habe ich mir eben meine Frau gekauft," erwiderte
Walter raſch.

„Das müſſen Sie mir erklären," ſagte der Major lachend.

„Als ich auf die Univerſität ging," erklärte der andere,
„mußte ich faſt alles Geld dazu borgen. Seit Oktober
1915 habe ich Offiziersgehalt, ſeit langem eine Zulage als
Kompagnieführer. So habe ich dann nach und nach
meine ganzen Schulden abgezahlt. Ich konnte erſt zu
meinem Schwiegervater gehen und mir meine Frau
holen, als ich die Schulden los war." Walter hatte ſich im
Juli 1918, auf kurzem Urlaub, mit dem jungen Mädchen
verheiratet, das ihm vor vier Jahren die Roſen geſchickt hatte.

Dagegen konnte der Major nichts einwenden. Aber
obgleich Walter im Juli 1918 das E.K.I. für ſeine allge=
meine Haltung im Krieg bekam, benützte der Major doch
die erſte Gelegenheit, ihn vom Regimentsſtab zum Bataill-
lonsſtab zu verſetzen, wo er nur noch Bataillons=Nach=
richtenmittel=Offizier war.

Der Rückzug in Flandern begann; der Bataillons=
adjutant wurde leicht verwundet und Walter trat an seine
Stelle, mußte aber auch seine eigene Arbeit mitversehen.
Als der Adjutant am 22. Oktober zurückkehrte, erstattete der
Bataillonskommandeur dem Regimentskommandeur Be=
richt über Walters Tätigkeit in diesen bewegten Wochen;
und nun sprach ihm der Major seine Anerkennung rück=
haltlos aus.

Am 25. Oktober traf ein kleines Granatstück Walter an
der linken Brust gerade über dem Herzen. Die Schnalle
seines Hosenträgers rettete ihm das Leben. Sie wurde
tief ins Fleisch getrieben, aber das Granatstück glitt ab.
Die Wunde mußte operiert werden. Walter kam nach
Antwerpen, fuhr von da mit einem Lazarettzug nach
Deutschland und landete in einem Hamburger Lazarett,
ganz nahe der Wohnung seiner Schwiegereltern.

Er wurde allein in einem Zimmer mit zwei Betten unter=
gebracht und wartete gespannt darauf, wer wohl dazu=
kommen würde. Zwei Tage später tat sich die Türe auf,
und sein bester Freund, der aus Mexico, trat herein. Dieser
war an der Ostfront, in Rußland, Serbien, Rumänien
gewesen; er war Offizier geworden, hatte auch das E. K. II.
und I. Klasse bekommen, und war dann zum Stab eines
Generals gezogen worden. Später wurde er Flieger,
stürzte ab und brach beide Oberschenkel. Aber nun war er
wieder auf den Beinen und nur noch in Massage= und
Gymnastik=Behandlung.

Für ihn kam eine bewegte Zeit, die Walter von seinem
Bett aus ganz und gar miterlebte. Das Heer revoltierte;
alles war durcheinandergeraten. Walters Freund besuchte

alle Versammlungen, arbeitete sich von Stufe zu Stufe
empor, bis er Führer des Arbeiter= und Soldatenrates
wurde. Von dort aus trat er in das politische Leben der
Freistadt und bekleidete mehrere wichtige Ämter. In dieser
Zeit wurde das frühere Kolonialinstitut in Hamburg zur

Am Ostfront. Zirkuswagen als Wachtstube

Universität umgeformt. Walter war eine Zeit lang un=
schlüssig; sollte er dem Freund folgen? Doch seine Stellung
wartete auf ihn, und er wußte wohl, wozu er seinem Wesen
und seinen Gaben nach bestimmt war. Am ersten März 1919
nahm er seine wissenschaftliche Arbeit ernstlich wieder auf.

Lakes 1909-10

New York
Philadelphia
Ithaca
1913

1910
Liverpool

Manchester

Birmingham
1909-10

Cambridge
1910

Oxford
1909-10-13

London
1909-10-13

BEL...
Nov...

1914-191...

FRANKREICH

Als Bursch, als Freibeuter

Sylt
1914

Holstein

KIEL 1909-11

Cuxhaven

Hamburg

BERLIN 1906

DEUTSCHES REICH

GIEN
1918

'8

OESTERREICH

Strassburg

1907-1908
MÜNCHEN

Kolmar

FREIBURG
1907

Basel

Oberstdorf
Hochvogel

SCHWEIZ

, als Frontsoldat.

VI. Frieden und Heimat

Im Frühjahr 1919 bauten sich Walter und seine Frau ihr eigenes Heim in Hamburg. Sie bekamen im Oktober desselben Jahres ein Mädel und im Juni 1926 ein zweites. In den ersten Jahren ihrer Ehe hatten sie es schwer durch die Inflation. Walters Ersparnisse und die Mitgift seiner Frau gingen verloren. Ihr Gehalt reichte nicht aus, und sie waren sehr froh über zwei amerikanische Liebesgaben= Pakete mit Mehl, Reis, Zucker und Kakao, die sie von der Quäker=Nothilfe erhielten. 1922 erkrankte Walter. Fast ein Jahr war er aus dem Beruf. Seine Verwandten, vor allem sein älterer Bruder, sorgten großzügig für ihn. Als Walter einmal den Arzt fragte, wann er die Arbeit wieder aufnehmen dürfe, sagte er: „Sobald wie möglich — Arbeit ist für Sie Lebenselixir!" Gerade wie früher seine Frau, hatte auch der Arzt den Kern von Walters Wesen erfaßt, die Arbeitsfreude.

Nach dem Ende der Inflation verbesserte sich langsam die wirtschaftliche Lage. Die Tage waren voller Arbeit. Auf der neuen Hamburger Universität lehrte Walter an= fangs Literaturgeschichte und Volksdichtung, später unter= richtete er auch Schwedisch. 1920 habilitierte er sich, d. h. er machte die Prüfung durch, die zum Privatdozenten be= fähigt. Dieser hat das Recht, an der Universität in seinem Fach zu lehren, ohne Anspruch auf Gehalt. Er mußte unter anderem einen Vortrag vor den versammelten Professoren der Fakultät halten. Er wählte ein Thema über Georg Christian Lichtenberg, einen der wenigen wirklich witzigen, geistreichen Menschen Deutschlands im 18. Jahrhundert, und

hatte das Vergnügen, daß die gelehrten Herren mehrmals
in Gelächter ausbrachen. Es folgte ein sogenanntes
„Colloquium", aber es war eine regelrechte Prüfung.
Walter war nie ein guter Prüfling und mußte auch dies=
mal mehrfach sagen: „Das ist mir augenblicklich nicht gegen=
wärtig." Doch ging es gut. Sein Professor sagte ihm
später, daß er die Prüfung nur so scharf gestaltet hätte, um

Hamburg: die Universität

ihm Gelegenheit zu geben, seine Kenntnisse vor den Herren
der Fakultät zu beweisen, die ihm kritisch gegenüberstanden.

Von 1924 an spezialisierte sich Walter immer mehr
auf skandinavische Literatur und brachte nach einigen
Jahren zwei Bücher darüber heraus, wovon das eine
bald ins Dänische und Schwedische übersetzt wurde.

Im Jahre 1926 wurde Walter zum außerordentlichen
Professor ernannt, d. h. er erhielt den Titel Professor,
blieb aber Hilfsarbeiter seines früheren Professors. Auch

dieſer Titel brachte ihm unmittelbar kein Gehalt, aber doch
Anſehen und dadurch manche Vorteile. Er hatte große
Freiheit in ſeiner Lehrtätigkeit. Er ſammelte einen Kreis
junger Menſchen beiderlei Geſchlechts um ſich, die er in ſein
Heim einlud, mit denen er auch manchmal Sonnabends
Ausflüge unternahm. Mehrere von ihnen machten bei ihm
ihre Doktorarbeiten über ſkandinaviſche Literatur. Ham=

In Skandinavien: Im „Göſta Berling" Gebiet

burg als großer Hafen Norddeutſchlands hat ja einen ſehr
regen Verkehr mit den ſkandinaviſchen Ländern; deshalb
findet ſich ein lebhaftes Intereſſe für ſkandinaviſche Kultur
auf der Univerſität und in der Stadt.

Walter beteiligte ſich auch an der Bildungsarbeit außer=
halb der Univerſität. Er hielt Vorleſungen und Übungen im
Allgemeinen Vorleſungsweſen, und in der Hamburger
Volkshochſchule hatte er jahrelang eine Arbeitsgemeinſchaft.

Diese Volkshochschule war eine Art populäre Universität, wo Abendkurse aller Art dem Publikum offen standen. Die Lehrer lebten in freundschaftlichem Verhältnis zu ihren Teilnehmern, machten mit ihnen Ausflüge und sogar kleine Studienreisen. Walter fühlte sich ebenso glücklich hier wie auf der Universität, weil es eine reizvolle Aufgabe war, mit Menschen aller Art, mit Kaufleuten, Postboten, Bahnhofs= beamten, Fabrikarbeitern, Arbeitslosen usw. zusammen zu arbeiten und sie geistig zu fördern.

Vereine aller Art holten ihn zu Vorträgen; er nahm auch teil an dem Versuch, eine Schauspielerschule zu gründen. Außerdem schloß er sich einer Vereinigung an, die an der deutsch=französischen Verständigung arbeitete. Sie veranstaltete regelmäßige Zusammenkünfte im Westen. Einmal kamen sie in Verdun zusammen und fuhren durch die Schlachtfelder, die 1916 das Blut von 600,000 Deut= schen und 400,000 Franzosen getrunken haben. Da sagte einer der Franzosen: „Die Deutschen haben meinen Vater fälschlicherweise als Spion angeklagt und erschossen. Soll ich mich deshalb in Haß verzehren? Ich will dahin wirken, daß es nie wieder Krieg gibt zwischen unseren Völkern.“

Die Deutschen legten einen Kranz am französischen Denk= mal nieder, und einer von ihnen hielt eine kleine Rede. Dann ging es zum deutschen Friedhof. Der Franzose legte einen Kranz nieder, konnte aber nicht reden. Ihm stürzten die Tränen aus den Augen. Er drückte den Deutschen die Hände und sagte nur immer wieder: „Wir wollen arbeiten, wir wollen arbeiten....“

Diese ganze Arbeit außerhalb der Universität nahm mindestens ein Drittel von Walters Zeit in Anspruch und

brachte sehr wenig Honorar. Aber sie machte ihm Freude.
Seit den Erlebnissen an der Front konnte sich Walter nicht
mehr mit Büchern allein begnügen. Er mußte hinaus ins
Leben, um für Menschheit und Menschlichkeit zu kämpfen.
Das gab ihm Arbeits= und Lebensfreude! Diese Arbeit
galt aber nicht nur Deutschland; so lieb ihm sein Vaterland
war, er mußte doch am Leben der Menschheit teilnehmen.

VII. Vaterland und Ausland

Walter war richtiger Hamburger. Die große Freie= und
Hansestadt Hamburg war ihm Wohnort und Wirkungsfeld,
eine Heimat, die er liebte. Er wohnte zuerst im Norden
der Stadt, nahe bei einem Fleet, der sich zwischen pracht=
vollen Gärten hinzog und zu reizvollen Kanufahrten bis in
die Außenalster und in das Bassin des großen Stadtparks
einlud. Besonders herrlich waren solche Fahrten nachts,
mit beleuchteten Kanus.

Als er später in gut gesicherter Stellung war, siedelte er
in den ersten Stock eines schönen Gartenhauses über, das
ganz ländlich an der oberen Alster lag. Es kamen vom
Ausland her viele Gäste, die von dem mannigfaltigen Bild
des Hamburger Lebens entzückt waren. In Hamburg fühlt
man sich ja nie wie in eine moderne Großstadt eingesperrt.
Die Stadt ist eng mit dem Wasser verbunden; auf der einen
Seite liegt die Elbe mit den Schiffen aus aller Herren
Länder, auf der anderen die Binnen= und Außenalster mit
ihren Jachten, Booten und kleinen, weißen Dampfern;
überall ziehen sich Kanäle hin, bald zwischen hohen Ge=
schäfts= und Warenhäusern, wo Leichter liegen, bald

zwischen grünen Rasenflächen, wo Kanus das Wasser
beleben. Dazu kommen die weiten Parks und die pracht=
vollen Gärten der reichen Kaufleute. Hamburg ist für den
Besucher eine Märchenstadt, für den Bewohner, die Stadt
tapferen Strebens, die von keiner Niederlage dauernd
unterdrückt werden kann.

„Die Stadt ist eng mit dem Wasser verbunden"

Obgleich Walter aber Heimat und Häuslichkeit so lieb
hatte, verreiste er doch, so oft wie möglich. Er wollte
neue Eindrücke sammeln, neue geistige Nahrung schöpfen.
Meistens machte er Vortragsreisen. Er nahm jede Ein=
ladung an, auch wenn durch das Honorar nur die Reise=
kosten gedeckt wurden. Oder er besuchte Kongresse als

Vertreter irgend einer Organisation und schloß eine weitere
Reise an. So hat er viele Städte und viele, viele Menschen
kennengelernt.

Aber auch ins Ausland kam er oft. England und Amerika
kannte er schon; im Krieg hatte er Nordfrankreich und
Belgien kennengelernt. Nun besuchte er auf kürzeren
Reisen die Schweiz, Italien, Oesterreich, die Tschechoslowakei und Frankreich. Den nordischen Ländern aber,
Schweden, Norwegen, Dänemark und Finnland, widmete
er mehrere längere Studienreisen und drang tief in ihr
Leben und in ihre Kultur ein. Er hat ein gewisses Verfahren für Studienreisen ausgebildet. Erstens galt es, die
Sprache gründlich kennen zu lernen; zweitens, sich überall
mit Leuten aller Klassen und verschiedenster Interessen zu
unterhalten, wobei er die Unterhaltung immer auf die
Sachen lenkte, die dem anderen besonders lieb waren — sei
es Hühnerzucht oder Weltpolitik. Drittens trieb er ein
gründliches Studium der amtlichen „Blue Books", sowie der
Literatur, der Kunst und des politischen und wirtschaft-
lichen Volkslebens. Auf diese Art gelang es ihm, nach und
nach dessen Eigenart ebenso verständnisvoll zu erfassen wie
die des eigenen Vaterlandes. Auch fand er, daß dieses
Mitgefühl seine Liebe zum eigenen Lande nicht minderte.
Je mehr er andere Länder studierte, desto mehr verstand
und liebte er auch sein eigenes Vaterland.

Im Jahre 1930 kam Walter zur Erholung nach England.
Er verbrachte schöne Tage auf der Insel Wight und fuhr
dann nach London. Dort traf er einen englischen Freund,
den er auf der Reise englischer Studenten in Deutschland
kennengelernt hatte, und mit dem er seit Kriegsende wieder

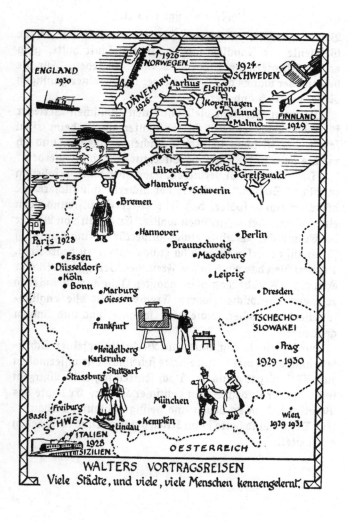

ENGLAND
1930

NORWEGEN
1926

SCHWEDEN
1924

DÄNEMARK
1926

Aarhus
Elsinore
Kopenhagen
Lund
Malmö

FINNLAND
1929

Kiel
Lübeck
Rostock
Greifswald
Hamburg
Schwerin
Bremen

Paris 1928
Hannover
Berlin
Braunschweig
Magdeburg

Essen
Düsseldorf
Köln
Bonn
Marburg
Giessen
Leipzig

Dresden

Frankfurt

TSCHECHO-
SLOWAKEI

Heidelberg
Karlsruhe
Strassburg
Stuttgart

Prag
1929 - 1930

Freiburg
Basel
SCHWEIZ
München
Lindau
Kempten

Wien
1929 1931

ITALIEN
1928
SIZILIEN

OESTERREICH

WALTERS VORTRAGSREISEN
Viele Städte, und viele, viele Menschen kennengelernt.

Briefe wechſelte. Nachdem Walter bei Selfridge einige
Geſchenke für Familie und Freunde gekauft hatte, ging
es ins Theater, um „Journey's End" zu ſehen. Für die
beiden aber war es der Anfang einer neuen, einer günſtigen
Reiſe, die noch andauert.

„Könnten Sie nicht vielleicht einen engliſchen Verleger
für mein Buch finden?" fragte Walter, als ſie beim Eſſen
ſaßen, „es iſt ſchon in drei Sprachen erſchienen, und ich
möchte gern in die engliſche Literatur eingeführt werden."

„Das will ich mal verſuchen, habe aber keine Erfahrung
in ſolchen Sachen," erwiderte der andere. Glücklicherweiſe
hörte er etwas ſpäter, daß ſein beſter Schulfreund eben
einen neuen Verlag gründen wollte. Er erhielt von Walter
die Erlaubnis, das Buch etwas zu verkürzen und den Stoff
für engliſche Leſer hie und da etwas anders zu bearbeiten.
1931 erſchien das Buch in des Freundes Verlag, und Walter
erlebte die Freude, daß es im nächſten Jahr auch in Amerika
erſchien. Inzwiſchen waren Exemplare in alle engliſch=
ſprechenden Länder, ſowie nach Japan, China und Indien
gedrungen.

Durch dieſe Reiſen, durch die Verbreitung ſeiner Schrif=
ten, auch durch viel Lektüre hatte ſich Walter gewiſſermaßen
zum Weltbürger gemacht. Doch ſenkten ſich ſeine Wurzeln
immer tiefer in den Boden deutſcher Kultur. Er liebte das
Vaterland, dem er Leben und geiſtige Bildung verdankte.
Für Deutſchland hatte er im Krieg gekämpft und im Frieden
gearbeitet.

Anhang

Studenten-, Soldaten- und Wanderlieder

1. Die Gedanken sind frei.
2. Von allen den Mädchen.
3. Burschen, heraus!
4. Im Feld des Morgens früh.
5. Als die Römer frech geworden.
6. Wir sind jung, die Welt ist offen.
7. Wenn wir schreiten Seit' an Seit'.

1. Die Gedanken sind frei

1. Die Gedanken sind frei,
   Wer kann sie erraten?
   Sie fliehen vorbei
   Wie nächtliche Schatten.
   Kein Mensch kann sie wissen,
   Kein Jäger erschießen.
   Es bleibet dabei:
   Die Gedanken sind frei!

2. Ich denke, was ich will,
   Und was mich beglücket,
   Doch alles in der Still'
   Und wie es sich schicket.
   Mein Wunsch und Begehren
   Kann niemand verwehren.
   Es bleibet dabei:
   Die Gedanken sind frei!

3. Und sperrt man mich ein
   Im finsteren Kerker,
   Das alles sind rein
   Vergebliche Werke;
   Denn meine Gedanken
   Zerreißen die Schranken
   Und Mauern entzwei:
   Die Gedanken sind frei!

4. Drum will ich auf immer
   Den Sorgen entsagen

Und will mich auch nimmer
Mit Grillen mehr plagen.
Man kann ja im Herzen
Stets lachen und scherzen
und denken dabei:
Die Gedanken sind frei!

Altes Volkslied aus dem 18. Jahrhundert.

2. Von allen den Mädchen

1. Von allen den Mädchen so blink und so blank,
   Gefällt mir am besten die Lore;
   Von allen den Winkeln und Gäßchen der Stadt
   Gefällt's mir am besten am Tore.
   Der Meister, der schmunzelt, als hab' er Verdacht,
   Als hab' er Verdacht auf die Lore;
   Sie ist mein Gedanke bei Tag und bei Nacht,
   Und wohnet am Winkel beim Tore.

2. Und kommt sie getrippelt das Gäßchen hinab,
   So wird mir ganz schwül vor den Augen;
   Und hör' ich von weitem ihr leises Klipp, Klapp,
   Kein Niet oder Band will mir taugen.
   Die Damen bei Hofe, so sehr sie sich zieren,
   Sie gleichen doch nicht meiner Lore;
   Sie ist mein Gedanke bei Tag und bei Nacht,
   Und wohnet am Winkel beim Tore.

3. Und kommet die liebe Weihnacht heran,
   Und strotzt mir das Geld in der Westen,
   Das Geld, das die Mutter zum Rock mir gesandt,
   Ich geb's ihr, bei ihr ist's am besten.

Und würden mir Schätze vom Teufel gebracht,
Ich trüge sie alle zur Lore;
　　Sie ist mein Gedanke bei Tag und bei Nacht,
　　Und wohnet am Winkel beim Tore.

4. Und kommet nun endlich auch Pfingsten heran,
　　Nach Handwerksbrauch müßt' ich wandern;
　　　　Dann werd' ich jedoch für mein eigenes Geld
　　　　Hier Bürger und Meister trotz andern.
　　Dann werde ich Meister in dieser Stadt,
　　Frau Meisterin wird meine Lore;
　　　　Dann geht es Juchheißa bei Tag und bei Nacht,
　　　　Doch nicht mehr im Winkel beim Tore.

Melodie: Braunes „Liederbuch für Studenten".
Dichter: H. Christian Boie, 1797, nach H.
Carey's Lied „Sally In Our Alley".

3. Burschen, heraus!

1. Burschen, heraus!
　　Laßt es schallen von Haus zu Haus!
　　　　Wenn der Lerche Silberschlag,
　　　　Grüßt des Maien ersten Tag,
　　　　Dann heraus, und fragt nicht viel,
　　　　Frisch mit Lied und Lautenspiel!
　　Burschen heraus!

2. Burschen, heraus!
　　Laßt es schallen von Haus zu Haus!
　　　　Ruft um Hilf die Poesei
　　　　Gegen Zopf und Philisterei,

Dann heraus bei Tag und Nacht,
Bis sie wieder frei gemacht!
Burschen, heraus!

3. Burschen, heraus!
Laßt es schallen von Haus zu Haus!
Wenn es gilt für's Vaterland,
Treu die Klingen dann zur Hand,
Und heraus mit mut'gem Sang,
Wär' es auch zum letzten Gang!
Burschen, heraus!

                       Seit 1847 bekannt.

4. Im Feld des Morgens früh

1. Im Feld des Morgens früh,
Eh' noch die Nebel sanken,
Die Halme fallen und wanken.
Es denkt die junge Mähderin
An ihren Schatz mit treuem Sinn,
   Im Feld des Morgens früh,
   Im Feld des Morgens früh.

2. Im Feld des Morgens früh,
Eh' noch die Nebel sanken,
Die Streiter fallen und wanken.
Es kämpft ein jung Husarenblut
Auf schwarzem Roß, mit keckem Mut,
   Im Feld des Morgens früh,
   Im Feld des Morgens früh.

3. Im Feld des Morgens früh,
   Der Mähderin wird so bange,
   Ihr wird so bleich die Wange.
   Ein junger Reiter sinkt vom Roß,
   Die Kugel ihm die Brust durchschoß,
      Im Feld des Morgens früh,
      Im Feld des Morgens früh.

Melodie: Burkhardt, 1914.
Dichter: L. Bauer.

5. Als die Römer frech geworden

1. Als die Römer frech geworden,
   Zogen sie nach Deutschlands Norden,
   Vorne mit Trompetenschall
   Ritt der Gen'ralfeldmarschall
   Herr Quintilius Varus,
   Herr Quintilius Varus.

      sim se rim sim sim sim sim
      sim se rim sim sim sim sim
        täterätäterätätä
        täterätäterätätä
      wau wau wau wau wau wau
        schnätteräng täng schnätteräng täng
        schnätteräng täng täng täng täng.

2. In dem Teutoburger Walde,
   Hui, wie pfiff der Wind so kalte!
   Raben flogen durch die Luft
   Und es war ein Moderduft

Wie von Blut und Leichen,
Wie von Blut und Leichen.
 sim se rim sim, usw.

3. Plötzlich aus des Waldes Duster
Brachen krampfhaft die Cherusker,
Mit Gott für Fürst und Vaterland
Stürzten sie, von Wuth entbrannt,
Auf die Legionen,
Auf die Legionen.
 sim se rim sim, usw.

4. Weh, das war ein großes Morden,
Sie durchbrachen die Cohorten.
Nur die röm'sche Reiterei
Rettete sich in das Frei',
Denn sie war zu Pferde,
Denn sie war zu Pferde.
 sim se rim sim, usw.

5. O Quintili, armer Feldherr,
Wußtest du, daß so die Welt wär'?!
Er geriet in einen Sumpf,
Verlor zwei Stiefel und einen Strumpf,
Und blieb elend stecken,
Und blieb elend stecken.
 sim se rim sim, usw.

6. Da sprach er voll Ärgernussen
Zu Herrn Centurio Titiussen:
„Kamerade, zeuch dein Schwert hervor
Und von hinten mich durchbohr,

Weil doch alles futsch ist,
Weil doch alles futsch ist."
   sim se rim sim, usw.

7. Als das Morden war zu Ende,
Rieb Fürst Hermann sich die Hände,
Und um sich noch mehr zu freu'n,
Lud er die Cherusker ein
Zu 'nem großen Frühstück,
Zu 'nem großen Frühstück,
   sim se rim sim, usw.

8. Hui, da gab's westfäl'sche Schinken,
Bier, soviel man wollte trinken.
Selbst im Zechen blieb er Held;
Doch auch seine Frau Thusneld'
Soff als wie ein Hausknecht,
Soff als wie ein Hausknecht,
   sim se rim sim, usw.

9. Nur in Rom war man nicht heiter,
Sondern kaufte Trauerkleider.
Grade, als beim Mittagsmahl
Augustus saß im Kaisersaal,
Kam die Trauerbotschaft,
Kam die Trauerbotschaft,
   sim se rim sim, usw.

10. Erst blieb ihm vor jähem Schrecken
Ein Stück Pfau im Halse stecken.
Dann geriet er außer sich
Und schrie: „Vare, schäme dich,

Redde legiones!
Redde legiones!"
   ſim ſe rim ſim, uſw.

11. Sein deutſcher Sklave, „Schmidt" geheißen,
Dacht', euch ſoll das Mäusle beißen,
Wenn er je ſie wiederkriegt!
Denn wer einmal tot daliegt,
Wird nicht mehr lebendig,
Wird nicht mehr lebendig.
   ſim ſe rim ſim, uſw.

12. Und zu Ehren der Geſchichten
Will ein Denkmal man errichten.
Schon ſteht das Piedeſtal,
Doch wer die Statüe bezahlt,
Weiß nur Gott im Himmel,
Weiß nur Gott im Himmel.
   ſim ſe rim ſim, uſw.

13. Wem iſt dieſes Lied gelungen?
Ein Studente hat's geſungen.
In Weſtphalen trank er viel,
Drum aus Nationalgefühl
Hat er's angefertigt,
Hat er's angefertigt.
   ſim ſe rim ſim, uſw.

Das Gedicht iſt hier etwas verkürzt und geändert;
in der Original-Faſſung (von J. V. Scheffel
in ſeinem 20. Lebensjahre gedichtet) ſollen
die Strophen 12 und 13 anders ſein. Beim
Singen dieſes Liedes iſt nach jeder Zeile je
eine Zeile des Refrains zu ſetzen.
Melodie: „Die Huſſiten zogen vor Naumburg."

6. Wir sind jung, die Welt ist offen

1. Wir sind jung, die Welt ist offen,
    O du weite, schöne Welt!
    Unsre Sehnsucht, unser Hoffen
    Zieht hinaus in Wald und Feld.
    Bruder laß den Kopf nicht hängen,
    Kannst ja nicht die Sterne seh'n;
    Aufwärts blicken! vorwärts drängen!
    Wir sind jung, und das ist schön!

2. Liegt dort hinter jenem Walde
    Nicht ein fernes, fremdes Land?
    Blüht auf grüner Bergeshalde
    Nicht das Blümlein Unbekannt?
    Laßt uns schweifen im Gelände,
    Über Täler, über Höh'n,
    Wo sich auch der Weg hinwende,
    Wir sind jung, und das ist schön!

3. Auf denn, auf, die Sonne zeige
    Uns den Weg durch Wald und Hain;
    Geht der Tag darob zur Neige,
    Leuchtet uns der Sterne Schein.
    Bruder schnall' den Rucksack über,
    Heute soll's ins Weite geh'n.
    Regen, Wind, wir lachen drüber,
    Wir sind jung, und das ist schön.

Melodie: Michel Englert.
Dichter: Jürgen Brand.

7. Wenn wir schreiten Seit' an Seit'

1. Wenn wir schreiten Seit' an Seit'
   Und die alten Lieder singen,
   Und die Wälder widerklingen,
   Fühlen wir, es muß gelingen:
   Mit uns zieht die neue Zeit!

2. Einer Woche Hammerschlag,
   Einer Woche Häuserquadern
   Zittern noch in unsern Adern.
   Aber keiner wagt, zu hadern:
   Herrlich lacht der Sonnentag!

3. Birkengrün und Saatengrün:
   Wie mit bittender Gebärde
   Hält die alte Mutter Erde,
   Daß der Mensch ihr eigen werde,
   Ihm die vollen Hände hin.

4. Wort und Lied und Blick und Schritt,
   Wie in uraltew'gen Tagen
   Wollen sie zusammenschlagen.
   Ihre starken Arme tragen
   Unsre Seelen fröhlich mit.

5. Mann und Weib und Weib und Mann
   Sind nicht Wasser mehr und Feuer.
   Um die Leiber legt ein neuer
   Frieden sich, wir blicken freier,
   Mann und Weib, uns fürder an.

Im Frieden und im Krieg

6. Wenn wir schreiten Seit' an Seit'
   Und die alten Lieder singen,
   Und die Wälder widerklingen,
   Fühlen wir, es muß gelingen:
   Mit uns zieht die neue Zeit!

Melodie: Michel Englert.
Dichter: Hermann Claudius.

EXERCISES

1. Translation: Render in *idiomatic* English a page or two at a time, e.g. the first two paragraphs of Chapter 7.

2. Vocabulary: Make lists of words, expressions and turns of phrase that are new to you. Write sentences of your own, using each of these in a variety of ways, until they come quite naturally to you.

3. Free Composition: What part did each of the following play in Walter's life? Summarize your ideas in German before writing the essay:

    (*a*) Das Kontorleben.
    (*b*) Die Freie Studentenschaft.
    (*c*) Das Studium auf der Universität.
    (*d*) Das Fronterlebnis.
    (*e*) Studienreisen.

4. The Poems: When you have got to like them sufficiently, learn them by heart. You will not regret it.

Passages should be used frequently for dictation and reproduction or précis; and wherever possible the class should practise writing out incidents in dramatic form, and acting these with their book of words in their hands.

The above exercises aim at turning the pupil's passive vocabulary into an active one, and giving him confidence in his own ability to use the language. At the same time they are designed to help the student to think out the human problems which faced Walter in his growth from an orphan child to a citizen of the world.

Wörterverzeichnis

Note

Regular weak verbs are indicated by (*w.*), (ſein, *w.*) or (ſich, *w.*) as required. Separable verbs are shown thus: **ab'fahren**. The principal parts of regular strong verbs are indicated by the vowel-changes only, thus: **graben** (ä, u, a)=graben, gräbt, grub, hat gegraben; conjugation with ſein is shown thus: **ſpringen** (i, a, iſt u).

The declension of nouns is indicated by giving the gender and the plural change only: **Mann** *m.* (-er), except in the weak and mixed declensions, when the genitive ending is also given, thus: **Gatte** *m.* (-n/n). Nouns declined as adjectives are followed by (*adj.*).

The vocabulary covers only those meanings of words applicable to the text.

ab'drucken (*w.*) to print

Abendbrot *n.* supper

Abendkurs *m.* (-e) evening course

Abenteuer *n.* (—) adventure

ab'führen (*w.*) to lead away

ab'gleiten (gleitet ab, glitt ab, iſt abgeglitten) to slide off

Abhang *m.* (-e) slope, hillside

Abitur *n.* (examination corresponding roughly to Matriculation)

ab'lenken (*w.*) to distract (attention)

Abrechnung *f.* (-en) account

Abſchluß *m.* (-e) conclusion

ab'ſchrecken (*w.*) to deter

Abſtinent *m.* (-en/en) total abstainer

Abſtinenzpreſſe *f.* temperance press

ab'ſtürzen (ſein, *w.*) to crash (airman)

Abteilung *f.* (-en) division

Abwechſlung *f.* (-en) change

ab'ziehen (zieht ab, zog ab, iſt abgezogen) to go away

ab'zwingen (i, a, u) to get by force, to compel

Achtung *f.* respect

Ader *f.* (-n) vein

ahnen (*w.*) to suspect, to become aware

ähnlich similar

Ahnung *f.* (-en) presentiment

Alkoholfrage *f.* drink problem

aller Art of every kind

Allgemeines Vorleſungsweſen *n.* Public Lecture Courses

allmählich gradually

Alltagsleben *n.* the daily round, ordinary life

Alster f. (name of a river expanding into a lake of the same name in the heart of Hamburg)

älter senior, older

Amt n. (¨er) office

amtlich official

an sich intrinsically

an'bringen (bringt an, brachte an, angebracht) to place

an'dauern (w.) to continue

anderem: unter anderem, u. a. among other things

anders differently

anderthalb one and a half

Anerkennung f. appreciation

anfangs at first; **Anfangsgehalt** n. commencing salary

an'fertigen (w.) to make up (a poem)

Anfrage f. (–n) inquiry

Angebot n. (–e) offer

an'gehören (w.) to belong to

angenehm pleasant

Angriff m. (–e) attack

an'klagen (w.) to accuse

Anleitung f. guidance

Anmerkung f. (–en) remark, note

annehmbar acceptable

an'nehmen (nimmt an, nahm an, angenommen) to accept

anregend stimulating

Anregung f. (–en) stimulus

an'schließen (ie, o, o) to attach; sich anschließen to join (a club)

Ansehen n. standing, respect

Ansicht f. (–en) opinion, view

Anspruch m. (¨e) claim, right; es nimmt Zeit in Anspruch it takes up time

Anteil m. (–e) share

an'treten (tritt an, trat an, angetreten) to enter on

an'ziehen (zieht an, zog an, angezogen) to attract

Arbeit f. (–en) work, examination-paper, thesis

Arbeiterrat m. (¨e) workers' council

arbeitsfroh who enjoys working

Arbeitsgemeinschaft (–en) f. study circle

arbeitslos unemployed

ärgern (w.) to anger, to annoy

Ärgernus (Ärgernis) n. (–se) vexation

Art f. (–en) manner, kind

artig well-behaved, "good"

Arzt m. (¨e) physician

Aschermittwoch m. Ash Wednesday

auf'bringen (bringt auf, brachte auf, aufgebracht) to raise (money)

Aufenthalt m. (–e) stay, sojourn

auf'fahren (ä, u, ist a) to flare up

auf'fordern (w.) to invite (cooperation), to challenge

auf'führen (w.) to perform (drama)

Aufgabe f. (–n) task

aufgeregt excited

auf'klären (w.) to explain

auf'nehmen (nimmt auf, nahm auf, aufgenommen) to borrow (money)

auf'pflügen (w.) to plough up

auf'regen (w.) to excite

auf'reißen (ei, i, i) to tear open

Aufstieg m. ascent

auf'suchen (w.) to look (some-one up)

auf'tun (tut auf, tat auf, auf-getan) to open

auf'winden (i, a, u) to hoist

augenblicklich at the moment

aus'arbeiten (w.) to work out

aus'bauen (w.) to consolidate

aus'bilden (w.) to develop

Ausblick m. (–e) view

aus'brechen (i, a, ist o) to break out (war), to burst out (laughing)

Ausbruch m. (¨e) zum Aus-bruch kommen to break out

auseinander apart

auseinander'finden (i, a, u) to disentangle

Ausflug m. (¨e) trip, excursion, outing

aus'geben (i, a, e) to spend (money)

ausgelassen boisterous

aus'halten (ä, ie, a) to stand (fatigue), to hold out

aus'kommen (o, a, ist o) to fit in or work together (with others)

Auskunft f. (¨e) information

Ausland n. foreign countries

Ausländer m. (—) foreigner

aus'liegen (ie, a, e): Zeitungen lagen aus papers had been put out

aus'rechnen (w.) to reckon out

aus'reichen (w.) to be sufficient

Ausschuß m. (¨e) committee

außerordentlich extraordinary

äußerst utmost

Aussicht f. (–en) view

Aussprache f. (–n) discussion

auswendig können (kann, konn-te, gekonnt) to know by heart

Auszug m. (¨e) extract

Ballen m. (—) bale

Bassin n. (–s) (artificial) lake

Bataillonsstab m. battalion headquarters

Baumeister m. (—) builder

Beamte m. (adj.) official

bearbeiten (w.) to adapt

bedrückt hard, oppressed

befähigen (w.) to qualify

befestigen (w.) to fasten

befinden (sich i, a, u) to feel; to be (at a place)

befördern (w.) to promote

begabt gifted

begeben (sich i, a, e) to go

begegnen (sein, w. dative) to meet

Begehren n. (—) desire

begeistert enthusiastic

beglücken (w.) to make happy

begnügen (w.) to satisfy

begradigen (w.) to straighten (military term for gerade machen)

behandeln (w.) to handle (people)

Behandlung f. (–en) treatment

Behörde f. (–n) authority

bei'bringen (bringt bei, brachte bei, beigebracht): sich Wunden beibringen to give oneself wounds

beide both; die beiden the two

bei'liegen (ie, a, e) to be en-closed; to accompany

Bein n. (–e) leg; auf den Beinen up and about

bei'tragen (ä, u, a) to contribute

bekleiden (w.) to hold (a post)

bekommen (o, a, o) to get

bekümmert worried

beleben (w.) to animate; to throng (streets or waterways)

beleuchten (w.) to illuminate

benötigen (w.) to need

benutzen (w.) to make use of

beraten (ä, ie, a) to discuss

bereit ready

bereiten (w.): Schwierigkeiten bereiten to make things difficult

Bergeshalde f. (-n) mountainside

Bericht m. (-e) report; Bericht erstatten to report

Beruf m. (-e) profession; aus dem Beruf away from work

berufen: er war zur Wissenschaft berufen his vocation was scholarship

beschäftigen (w.) to occupy

Beschäftigung f. (-en) activity; zur Beschäftigung mit to take an interest in

bescheiden modest

beschließen (ie, o, o) to decide

beschwerlich laborious

besonder special

bestehen (besteht, bestand, bestanden) to pass (an examination)

besteigen (ei, ie, ie) to climb

bestellen (w.) to order (a thing); bestellte ihn in seine Sprechstunde told him to come at his consultation hour

bestimmt destined

besuchen (w.) to attend (school), to visit

beteiligen (sich, w.) to take part

betreten (i, a, e) to enter (a room)

bewältigen (w.) to master (a subject)

bewegt exciting

beweisen (ei, ie, ie) to demonstrate

bewirten (w.) to entertain

Bewohner m. (—) inhabitant

bewundern (w.) to admire

bewußtlos unconscious

bezahlen (w.) to pay

beziehen (beziehen, bezog, bezogen) to enter (college), to move (into a house)

Bibliothek f. (-en) library

bieten (ie, o, o) to offer

Bildungsarbeit f. educational work

Binnenalster f. Inner Alster (the smaller end of the lake nearest the shopping centre)

Birke f. (-n) birch

bleich pale

Blick m. (-e) look; einen Blick tun in to look into

blink und blank neat and clean

Boden m. (ö) floor, soil

borgen (w.) to borrow

böse angry

Botschaft f. (-en) message

Brauch m. (äe) custom

brauchen (w.) to need

brechen (i, a, o) to break

Brett n. (-er) plank; (pl.) ski

Briefumschlag m. (äe) envelope

Brillantnadel f. (-n) diamond tie-pin

Bude f. (-n) student's room, "den"

Bürger m. (—) citizen

Bursch m. (-en/en) (a collo-
quial term roughly equivalent to) "undergrad"

Colloquium n. oral examination
(lit. conversation)

Dachstuhl m. (ˮe) framework of
a roof

dann und wann from time to
time

darob (darauf) after that

Dauer f. duration

dauern (w.) to last

dauernd permanently

Decke f. (-n) blanket; ceiling

Deckel m. (—) lid

decken (w.) to cover

Denkmal n. (ˮer) monument

Denkungsart f. (-en) way of
thinking

deshalb therefore

desto: je trockner... desto häufiger the drier... the more
frequent

dicht close

dichten (w.) to compose (in
writing)

dichterisch veranlagt with a
poet's nature

Dienst m. (-e) duty

diskutieren (w.) to debate

Doktorand m. (-en/en) candidate for degree of Doctor

Doktorarbeit f. (-en) thesis for
Doctorate

Draht m. (ˮe) wire

drängen (w.) to push

draußen out there

dringen (i, a, ist u) to make one's
way

dringend urgent

dritt: zu dritt three of them

drücken (w.) to shake (hands)

Dudelsack m. bagpipe

Dummheit f. (-en) silly mistake

Dunst m. (ˮe) vapour

durcheinander: bunt durcheinander in motley confusion;
durcheinandergeraten to get
into confusion

durch'fallen (ä, ie, ist a) to fail
(examinations)

durch'führen (w.) to accom-
plish

durch'halten (ä, ie, a) to hold
out, to carry on to the end

durch'schlagen (sich ä, u, a) to
struggle through, to manage

Duster (Düster) n. gloom

ebenso...wie just as...as

Ehe f. (-n) marriage

ehrlich honest(ly)

eifrig keen(ly); nicht allzu eifrig
not too keen on

eigen own

Eigenart f. individuality

Eigensinn m. obstinacy

Eigentümer m. (—) owner

ein'atmen (w.) to inhale

ein'dringen (i, a, u) to penetrate

Eindruck m. (ˮe) impression

ein'fallen (ä, ie, ist a): es fiel
ihm ein it occurred to him

ein'führen (w.) to introduce

einigen (sich, w.) to come to
agreement

Einjährigenprüfung f. examination to win right to one
year's military service only

Einkaufen n. shopping

ein'laden (ä, u, a) to invite

Einnahme f. (–n) income
ein′ordnen (ſich, w.) to fit in, to be able to give and take
ein′reihen (w.) to enrol
ein′richten (w.) to organize
einſam lonely
Einſatz m. installation
ein′ſehen (ie, a, e) to perceive, to see
ein′ſetzen (w.) to put in
ein′ſperren (w.) to coop up
eintönig monotonous
ein′treten (i, a, iſt e) to occur; ein′treten für to advocate; bei mir ein′treten to join me
ein′wenden (e, a, a) to reply; to object
ein′wirken auf (w.) to influence
einzeln singly
Einzelunterricht m. private tuition
einzig only
elend miserably
Empfang m. welcome
empfangen (ä, i, a) to receive
empfinden (i, a, u) to feel
empor upwards
empören (ſich, w.) to rebel, to get furious
Empörung f. indignation
eng close(ly)
entdecken (w.) to discover
Entgegenkommen n. concession
Entgelt m. and n. remuneration
entſagen (w.) to renounce
entſchließen (ſich ie, o, o) to decide to
Entſchluß m. (⸚e) decision, resolve
entſetzlich horrible
entſtehen (e, a, iſt a) to come into existence

Entſtehung f. origin
entwerfen (i, a, o) to plan, to sketch a plan for
entwickeln (w.) to develop
entzücken (w.) to delight
erben (w.) to inherit
erbieten (ſich ie, o, o) to offer
erbittert bitter
Erdteil m. (–e) continent
erfahren (ä, u, a) to find out, to experience
Erfahrung f. (–en) experience
erfaſſen (w.) to comprehend
erfreuend delightful
ergehen (ergeht, erging, iſt ergangen): ähnlich erging es ihnen they had similar experiences
Ergriffenheit f. emotion
erhalten (ä, ie, a) to receive
Erholung f. recreation; zur Erholung in order to recuperate
Erinnerung f. (–en) memory
erkennen (erkennt, erkannte, erkannt) to recognize
erklären (w.) to declare; to explain
erkranken (ſein, w.) to fall ill
Erlaubnis f. permission
erleben (w.) to experience
Erlebnis n. (–ſe) experience
erleiden (erleidet, erlitt, erlitten) to suffer
erliegen (ie, a, iſt e) to collapse
erlöſchen (i, o, iſt o) to go out (of a light)
ernähren (ſich, w.) to earn one's living
ernennen (ernennt, ernannte, ernannt) to appoint

ernstlich seriously

erobern (w.) to conquer

erörtern (w.) to mention

erraten (ä, ie, a) to guess

erregen (w.) to excite

erscheinen (ei, ie, ist ie) to appear

erschießen (ie, o, o) to shoot (fatally)

erschlagen (ä, u, a) to kill

erschließen (ie, o, o) to open up

erschrecken (i, a, ist o) to be horrified

Ersparnis f. (–se) saving

erst only

Erstaunen n. amazement

erstens firstly

erteilen (w.): Unterricht erteilen to give instruction

ertragen (ä, u, a) to endure

erübrigen (w.): einen Groschen erübrigen to keep some of the change

erwarten (w.) to expect

erwecken (w.) to awaken

erweisen (ei, ie, ie) to prove

erwidern (w.) to reply

Erziehung f. education

Essen n. meal

etwa approximately

Exemplar n. (–e) copy

Fabrik f. (–en) factory

Fach n. (–er) subject (of study)

Fachkenntnis f. (–se) specialized knowledge

Fähigkeit f. (–en) capacity

Fahrt f. (–en) journey

Fahrzeug n. (–e) vehicle

Fakultät f. (–en) faculty (one of four sides or branches at a German University)

fälschlicherweise falsely

Familienrat m. family council

farbig coloured

Fasching m. (in N. Germany Fastnacht f.) Shrove-tide

fassen (w.) to take in, to seize, to grasp

Fechten n. duelling (conventionalized duel with very light blades and much body-protection)

fehlen (w.) es fehlt mir an Zeit I am pressed for time

feiern (w.) to celebrate

Feind m. (–e) enemy; vor dem Feinde on the field

feinfühlig of refined feelings

Fernsprech-Unteroffizier m. (–e) Signal-Sergeant

Fernsprecher m. (—) telephone

fertig ready, finished; mit Schulden fertig werden to pay off debts

Finnland n. Finland

Firma f. (Firmen) firm

flandrisch of Flanders

Fleet n. (–e) canal (a Hamburg word)

Flieger m. (—) airman

Floh m. (–e) flea

Fluß m. (–sse) river

Föhrde f. (–n) inlet, arm of the sea

fördern (w.) sie geistig zu fördern to help them in their studies

Forschung f. research

fort off, away

fort'fahren (ä, u, hat a) to continue, to proceed

fort'locken (w.) to entice away

fort'setzen (w.) to continue

fort'springen (i, a, ist u) to run off

Frack m. "tails", dress-coat

fragen (w.) to ask; sich im Stillen fragen to wonder to oneself

Fraß m. feeding on

frech geworden became impudent

frei reden und diskutieren to speak and debate without notes

Freibeuter m. (—) free-lance

Freie n. the open, the open-air

frei'legen (w.) to lay bare

Freistadt f. (¨e) Free City (Hamburg had . its own government until 1933)

fremd strange, foreign

Fremdwort n. (¨er) foreign word

freundschaftlich friendly

Friedhof m. (¨e) cemetery

fröhlich merry

früher former

Frühjahrsfest n. (-e) spring festival

fühlen (w.) to feel; er fühlte sich sehr wohl he felt very comfortable

fürder henceforth

für sich denken (denkt, dachte, gedacht) to think to oneself

Fußgänger m. (—) pedestrian

futsch done-for

Gabe f. (-n) gift

galt see gelten

Gang m. (¨e) walk

ganz whole; diese ganze Arbeit all this work

gar (sogar) even

Gartenhaus n. (¨er) a house in a garden (except in Hamburg, this is a sign of moderate wealth; most town-dwellers live in flats)

Gäßchen n. (—) alley

Gast m. (¨e) guest

Gastfreundschaft f. hospitality

Gebärde f. (-n) gesture

gebildet cultured

Gebrauch m. use

gebunden under constraint

Gedächtnis n. memory

geduldig patiently

gefallen (ä, ie, a) to please

Gefecht n. (-e) fight

Gegend f. (-en) district

Gegensatz m. (¨e) opposite, contrast

Gegenteil n. contrary

gegenüberliegend opposite

gegenüber'stehen (steht, stand, gestanden) to face, to stand opposite to

gegenwärtig: ist mir nicht gegenwärtig has slipped my memory

Gehalt n. (¨er) salary

gehören (w.) to belong

geistig spiritual, intellectual

geistiges Reich n. mental horizon

Gelächter n. laughter

Gelände n. country-side

gelassen calmly

Gelegenheit f. (-en) opportunity

gelehrt learned

gelingen (i, a, ist u): es gelingt mir I succeed

gelten (i, a, o) to concern, to be current, to be effective

Geltung f.: zur Geltung bringen to enforce recognition for

Gemisch n. mixture

Gemütsbewegung f. (-en) emotion, change of feeling

genauer gesagt more exactly

geneigt inclined

genießen (ie, o, o) to enjoy

genügend sufficiently

gerade exactly

geraten (ä, ie, ist a): geriet außer sich lost his temper; geriet in einen Sumpf fell into a bog

Gerber m. (—) tanner

Germanin (-nen, fem. of Germane) (ancient) German

Germanist m. (-en/en) (student or) teacher of German and Germanic philology

Geruch m. (¨e) odour

Geschäftshaus n. (¨er) business house

geschehen (ie, a, ist e) to happen

Geschenk n. (-e) present

Geschlecht n. (-er) sex; beiderlei Geschlechts of both sexes

geschmückt adorned

gesellen (w.): sich gesellen zu to join

Gesellschaft f. (-en) society

gesichert safe

gespannt eagerly

Gespräch n. (-e) conversation

gestalten (w.) to form, to shape, to make; scharf gestaltet made difficult

gesteckt: in die Kaufmannslehre gesteckt pushed into apprenticeship with a merchant

Gestell n. (-e) stand, scaffold

gewachsen equal (to a task)

Gewehr n. (-e) rifle, weapon

gewiß certain

gewissermaßen to a certain extent

Gewißheit f. certainty

gewöhnen (sich, w.) to get accustomed

ging es they went

gleich like, equally

gleichen (ei, i, i) to be like

gleichzeitig at the same time

Glied n. (-er) limb

Glück n. good luck

glücklicherweise fortunately

Glückwunsch m. (¨e) congratulations

Grabenstück n. (-e) sector (of the trenches)

Granate f. (-n) shell

Granatenstück n. (-e) splinter

Grille f. (-n) fancy, whim; (pl.) "the blues"

Groschen m. (—) (obsolete coin) penny

Großstadt f. (¨e) big city

großzügig nobly

gründen (w.) to start, to found

gründlich thoroughly

günstig auspicious

gütig kind

Gymnasiast m. (-en/en) boy at a Gymnasium or classical Secondary School

habilitieren (sich, w.) to acquire the right of holding academical lectures

hadern (w.) to grumble

Hafen m. (¨) port

haften (w.) to be fixed

Hain m. (-e) wood; durch Wald und Hain through wood and forest

Halm m. (-e) blade (of grass)

Hals m. (⸚e) neck, throat; Hals über Kopf head over heels

Haltung f. conduct

Hammerschlag m. hammering

Handel m. trade

Handeln n. action

Handwerker m. (—) mechanic, artisan

Hang m. (⸚e) slope

Hanse Hanseatic

Haß m. hate

Haufen m. (—) heap, crowd

häufiger more frequent

Hauptstadt f. (⸚e) capital

Hausarzt m. (⸚e) family doctor

Häuserquadern n. stone-laying (Quadern are the big stones commonly used in Germany for the lower courses of a house)

Hausknecht m. (-e) stable-lad

Häuslichkeit f. life at home, homeliness

Haut f. (⸚e) hide

Heeresbericht n. (-e) army communiqué

Heft n. (-e) number (of a magazine), booklet

Heimat f. home, homeland

heim'kommen (o, a, ist o) to come home

heiter cheerful

Held m. (-en/en) hero

heraus'geben (i, a, e) to publish

heraus'platzen (w.) to burst out

Herkunft f. origin, descent

herrlich glorious, grand

herrschen (w.) to prevail

her'stellen (w.) to establish

Hervorragendes leisten (w.) to behave splendidly

Heuernte f. hay-making

Hilfsarbeiter m. (—) assistant

hindurch right through, throughout

hin'geben (i, a, e): sich dem Augenblick hingeben to live in the moment, to concentrate

hinüber'reisen (sein, w.) to travel across

hin'ziehen (sich, zieht hin, zog hin, hingezogen) to stretch

Hof m. (⸚e) court

Hoffnungslosigkeit f. hopelessness

Höhe f. (-n) height

Hoheit f. highness

Höhepunkt m. climax

Höhle f. (-n) cave

holen (w.) to fetch

Hölle f. hell

Homunculus m. little man

Honorar n. (-e) fee

Hosenträger m. (—) braces

hübsch pretty

Hühnerzucht f. poultry-farming

hui! by Jove!

Husarenblut n. (poetic for Husar m.) Hussar

immer ever; es wurde immer schlimmer things went from bad to worse; immer nah constant; immer wieder again and again

Inhaltsverzeichnis n. (-se) table of contents

inkorporiert member of one of the Korporationen or students' clubs

innerhalb within

inzwischen meanwhile

irgend ein some, any

irgendwie somehow

Irrenanstalt *f.* (–en) lunatic asylum

ja well, as you know, indeed; yes

Jacht *f.* (–en) yacht

Jäger *m.* (—) hunter

jäher Schrecken *m.* panic

Jahrhundert *n.* (–e) century

je trockner … desto häufiger the drier … the more frequent

Joch *n.* (–e) narrow mountain-pass

jubeln (*w.*) to rejoice

Juchheißa! hurrah!

Jugend *f.* youth

Junge *m.* (–n/n) boy

Kai *m.* (–e) quay

Kamerad *m.* (–en/en) comrade

kämpfen (*w.*) to fight

Kanufahrt *f.* (–en) trip by canoe

Kasino *n.* officers' mess

Kaufmann *m.* (Kaufleute) merchant

kaufmännisch commercial

keck bold

Kegel schieben (ie, o, o) to play skittles or nine-pins

Kehle *f.* (–n) throat

keineswegs not at all

kennen'lernen (*w.*) to get to know

Kenntnisse (*pl.*) knowledge

Kerbschnitzarbeit *f.* chip-carving

Kerker *m.* (—) prison

Kern *m.* essence; kernel

Kiefernwald *m.* (–er) pine-forest

Klassenlehrer *m.* (—) form-master

Kletterer *m.* (—) mountaineer

klettern (sein, *w.*) to climb (rocks or trees—as opposed to steigen to go uphill)

Kletterstange *f.* (–n) climbing-pole

Klinge *f.* (–n) blade, sword

Kolonne *f.* (–n) column

Kompagnieführer *m.* (—) Company commander

Kontor *n.* (–e) office

Körperbau *m.* (physical) constitution

Korporation *f.* (–en) (often called Korps for short) Corps (exclusive students' club; they were all abolished in 1935)

Korps *n.* (—) Corps (term for the most aristocratic Korporationen in a university)

köstlich delicious

Kostümfest *n.* (–e) fancy-dress ball

krampfhaft convulsively

Kranz *m.* (–e) wreath

Kreis *m.* (–e) circle

Kugel *f.* (–n) bullet, shot

kühn bold

Kultur *f.* (–en) civilization

Kümmelwasser *n.* caraway-brandy

künftig in the future

Kunstgewerbeschule *f.* (–n) Industrial Art School

Künstlerfest *n.* (–e) Arts Ball

Kunstprosa *f.* literary prose
Kunstschatz *m.* (⸚e) art treasure

Lage *f.* position; die wirtschaftliche Lage economic conditions
Lagerkommandant *m.* (-en/en) Camp Commandant
Lagerraum *m.* (⸚e) store-room
Land *n.* (⸚er) land, country; aus aller Herren Ländern from every land under the sun
Landerziehungsheim, Landschulheim *n.* (-e) country boarding-school
ländlich rural, as if in the country
Landschaftsmaler *m.* (—) landscape-painter
Landstrich *m.* (-e) stretch of country
Landwehr *m.* second reserve
längst long since
Laufbahn *f.* career
Laus *f.* (⸚e) louse
Laut *m.* (-e) sound
Laute *f.* (-n) lute
lauten (*w.*): Goethes Wort lautet Goethe's epigram runs
Lazarettzug *m.* (⸚e) hospital train
lebhaft animated (conversation)
Lehrling *m.* (-e) apprentice
Lehrtätigkeit *f.* professorial work
Leib *m.* (-er) body
Leiche *f.* (-n) corpse
leicht flimsy; leicht und lustig happy-go-lucky
Leichter *m.* (—) barge

leid tun: es tat ihm leid he was sorry
leiden (leidet, litt, gelitten) to endure, to suffer
leidenschaftlich passionate(ly)
leise softly
leisten (*w.*) to afford, to give service
leiten (*w.*) to lead
Lektüre *f.* reading
lenken (*w.*) to guide
Lerche *f.* (-n) lark
Leser *m.* (—) reader
Leuchtkugel *f.* (-n) Véry light
lieb haben (hat, hatte, gehabt) to love, to like
liebenswürdig kind
lieber for preference
Liebesgabe *f.* (-n) charitable gift
Lieblosigkeit *f.* unkindness
Literaturgeschichte *f.* (-n) history of literature
Lockenkopf *m.* (⸚e) curly-head
los rid of
los'brechen (i, a, ist o) to break out
Lust *f.* desire
lustig merry

Mähderin (Mäherin) *f.* (-nen) (girl) mower
Mai *m.* May; es mait it is May
mal: das will ich mal versuchen I'll have a try
Maler *m.* (—) painter
manch many a, several
mannigfaltig diversified
Märchenreich *n.* fairy-land
Märchenstadt *f.* (⸚e) magic city
Maskenfest *n.* (-e) masked ball
Matrose *m.* (-n/n) sailor

Mäusle *n.* little mouse; euch soll das Mäusle beißen may the Devil admire you!

Mehl *n.* (-e) flour

mehrere several

mehrfach several times

meinen (*w.*) to remark, to be of opinion

meistens mostly

melden (*w.*) to report

menschenwürdiges Dasein *n.* existence fit for a human being

Menschheit *f.* humanity (mankind)

Menschlichkeit *f.* humanity (kindness)

merken (*w.*) to notice

Militärdienst *m.* military service

mindern (*w.*) to lessen

mindestens at least

mißbrauchen (*w.*) to misuse

Mitgefühl *n.* sympathy

Mitgift *f.* dowry

Mitglied *n.* (-er) member

mit'machen (*w.*) to take part in

Mittagspause *f.* (-n) interval for lunch; mit anderthalb Stunden Mittagspause with an hour and a half for lunch

mit'teilen (*w.*) to communicate, to tell about

mittlerweile in the meantime

mit'treiben lassen (sich ä, ie, a) to drift, to let oneself be carried along

mit'versehen (ie, a, e) to attend to (something else) as well

Mode werden (wird, wurde, geworden) to become popular

Moderduft *m.* musty smell

möglich possible

mondhell (*adj.*) moonlight

Morden *n.* murdering

Mühe *f.* (-n) difficulty

Münster *n.* Minster

Mut *m.* courage

Mutti "Mummie"

nach according to, towards, after; nach und nach gradually

Nachbar *m.* (-n/n) neighbour

nach'denken über (denkt, dachte, gedacht) to think over; zum Nachdenken geneigt, inclined to be pensive; Haben Sie schon einmal darüber nachgedacht? Did you ever pause to consider?

Nachhilfestunde *f.* (-n) private tuition, coaching

Nachricht *f.* (-en) news

Nachrichtenmittel-Offizier *m.* (-e) Signal-officer

nächst next, following

nächtlich of night

Nahrung schöpfen (*w.*) to get nourishment

Nässe *f.* wet

Neige *f.* decline

Nerv *m.* (-en) nerve

nett nice

Nichtraucher *m.* (—) non-smoker

nicken (*w.*) to nod

Niederlage *f.* (-n) defeat

nieder'lassen (sich ä, ie, a) to settle down

Niet *n.* (-e) rivet; kein Niet oder Band will mir taugen no bolt or chain can hold me

noch still; noch drei Jahre weiterstudierte studied for three more years
nordisch northern
Not f. need, trouble
Nothilfe f. Relief Organization
nötig necessary
nüchtern sober
nützlich useful

Oberlehrer m. (—) Secondary School master
Oberschenkel m. (—) thigh
Oberstleutnant m. (-s) Lieutenant-Colonel
obwohl although
offenherzig candid
öffentlich public

Pfau m. (-e) peacock
Pfingsten (n. or pl.) Whitsun
Pflegeeltern foster-parents
Pflicht f. (-en) duty
Phantasietanz m. (⸚e) improvised dance (-step)
Philisterei f. narrow-mindedness, philistinism
plagen (w.) to plague
planmäßig according to plan
plötzlich suddenly
Politik f. politics
Postbote m. (-n/n) postman
prachtvoll splendid
Presse f. (-n) crammer; Publishing Company
Prinzip n. (-ien) principle
Privatdozent m. (-en/en) (unsalaried) lecturer (at a university)
Prüfling m. (-e) candidate; war nie ein guter Prüfling had

never been good at examinations
prüfen (w.) to examine, to test
Prüfung f. (-en) examination

quälen (w.) to harass

Rabe m. (-n/n) raven
Rand m. (⸚er) edge
Rasenfläche f. (-n) lawn
Rate f. (-n) instalment
raten (ä, ie, a) to advise
Ratgeber m. (—) adviser
Ratte f. (-n) rat
Rauchen n. smoking
Rausch m. intoxication
Realgymnasium n. (-ien) semi-classical Secondary School
Redakteur m. (-e) editor
redde Legiones! (Latin) Give back the legions!
Rede f. (-n) speech; eine Rede halten to make a speech
Redner m. (—) speaker
referieren (w.) to report
rege: ein reger Mitarbeiter an active co-worker
regelmäßig regular
regelrecht normal
Regimentskommandeur m. (-e) (corresponds to a) Brigadier-General
Regimentsstab m. Brigade headquarters
Reich n. kingdom
Reihe f. (-n) row
Reisekosten (pl.) travelling-expenses
Reiterei f. cavalry
reizvoll (journalese and N. German for reizend) delightful

retten (*w.*) to save, to rescue
reuig penitently
rheinländisch from the Rhineland
Richtfest *n.* (–e) (no English equivalent)
richtig right; ein richtiger Hamburger a true-born H.
Riesenkran *m.* (⸚e) huge crane
ringsum round about
Rock *m.* (⸚e) coat
roh raw
Rolle *f.* (–n) role, part
Roß *n.* (–e) horse, steed
rückhaltlos frankly
Rückzug *m.* retreat
Ruhe *f.* rest, quiet
Ruhestätte *f.* resting-place
rührend touching
Rundfahrtdampfer *m.* (—) steamer making circular trip
Rundblick *m.* panorama

Saat *f.* (–en) seed, standing corn
Sache *f.* (–n) thing, things; die ganze Sache the whole affair
Sagen Sie mal, man soll... Say, you must...
sammeln (*w.*) to collect
sämtliche all the
saufen (äu, o, o) to drink heavily
Schach *m.* chess
schallen (*w.*) to ring out
schämte sich vor aller Welt couldn't look anyone in the face
Scharfschütze *m.* (–n/n) sniper
Schatz *m.* (⸚e) treasure
Schauspieler *m.* (—) actor

Schauspielerschule *f.* (–n) School of Dramatic Art
scherzen (*w.*) to joke
schicken (*w.*) to send; es schickt sich it is proper
Schinken *m.* (—) ham
Schlachtfeld *n.* (–er) battlefield
Schlachtviehhof *m.* slaughterhouse-yard
Schlag *m.* (⸚e) blow; song of a bird
Schlamm *m.* mud
schlank slender
schlecht und recht clearly
schließen (ie, o, o) to close; Freundschaft schließen to make friends
schließlich finally
schlimm bad(ly)
Schlittschuh laufen (äu, ie, ist au) to skate
schmunzeln (*w.*) to smirk
Schmutz *m.* dirt
Schnalle *f.* (–n) clasp, buckle
schnallen (*w.*) to strap, to buckle
Schnaps *m.* brandy, gin
schräg oblique
Schranke *f.* (–n) barrier
schreien (*w.*) to yell
schreiten (ei, i, ist i) to step, to march
Schrift *f.* (–en) magazine; (*pl.*) writings
Schuld *f.* (–en) debt
Schützengraben *m.* (⸚) trench (military)
Schwabing (a suburb of Munich)
Schwager *m.* (⸚) brother-in-law

schwankend unsteadily
Schwarzwald m. Black Forest
schweben (w.) to hang, to hover
schweifen (w.) to rove
schwer haben (hat, hatte, gehabt) to find difficult
Schwiegervater m. (ä) father-in-law
schwül hot, sultry
seefahrend sea-going
Seele f. (-n) soul
Segen m. (—) blessing
Sehnsucht f. longing
sehr very; so sehr however much
Seite f. (-n) page, side; von allen Seiten from every point of view
Selbstgefühl n. self-confidence
Selbstmord m. suicide
seltsam curious
Semester n. (—) term
Sendung f. (-en) consignment
senken (w.) to sink
setzen (w.) to put, to set
sichtbar visible
Sinn m. (-e) sense, mind; mit treuem Sinn with thoughts of loyalty
skandinavisch Scandinavian
Ski m. (-er) ski; ski'laufen; (äu, ie, ist au) to ski
so lieb es ihm war much as he loved it
soff see saufen
sofort immediately
sogar even
Sonderling m. (-e) odd person, eccentric
Sorge f. (-n) care
sowie as well as

sowieso in any case, more or less
sozusagen so to speak
sparsam thrifty
spätestens at latest
spazieren laufen, spazieren gehen to go for a walk
Speicher m. (—) warehouse
spendieren (w.) to treat, to give a treat to
Spielsache f. (-n) plaything
Spielzeug n. (-e) plaything
Spion m. (-e) spy
spöttisch sarcastically
Sprachgeschichte f. (-n) history of language
Sprechstunde f. (-n) consultation-hour
Spur f. (-en) footstep
spüren (w.) to feel
Staat m. (-en) the State
Stab m. (ä-e) staff
statt'finden (i, a, u) to take place
stattlich imposing
steigen (ei, ie, ist ie) to climb, to go uphill
Stelle f. (-n) place
Stellung f. (-en) position
stets ever
Stiefel m. (—) boot
Stille f. silence
stimmen (w.): es stimmte ihn nachdenklich it made him feel thoughtful
Stock m. (Stockwerke) storey
Stoff m. (-e) material
strafen (w.) to punish
streben (w.) to endeavour
streifen (w.) to strip off
Strom m. (ä-e) river
strotzen (w.) to bulge
Strumpf m. (ä-e) stocking

Studentenschaft f. Students' Organization

Studienreise f. (-n) journey for study

Studientage (pl.) Studienzeit f. student days

studieren (w.) to study at college or at the University

Stufe f. (-n) step; von Stufe zu Stufe step by step

Stunde f. (-n) lesson

stürzen (sein, w.) to fall; sich stürzen to rush

suchen (w.) to try, to seek, to look for

Süßigkeit f. (-en) sweet, delicacy

süßlich sickly

sympatisch congenial

Tagebuch n. (-̈er) diary

tagelang lasting for days

Tagespresse f. daily papers

tagsüber during the day

taktmäßig in rhythm

Talgrund m. floor of the valley

Tanzfest n. (-e) dance

tapfer valiant

Tätigkeit f. (-en) activity

tatkräftig energetic

Tau n. (-e) rope, cable

taufen (w.) to dub, to christen

Technik f. engineering

technisch aus'bilden lassen (ä, ie, a) to send to a Technical College

Teilnehmer m. (—) participator, one who takes part in

teilweise in part

Telephonverbindung f. (-en) telephone connection

temperamentvoll temperamental, excitable

Thema n. (Themen) theme, subject

tief deep; bis tief in die Nacht hinein till late at night

Tracht f. (-en) costume

tragen (ä, u, a) to undertake, to carry, to bear

tragikomisch tragi-comic

Träne f. (-n) tear

Trauer f. mourning

treffen (i, a, o) to meet

treiben (ei, ie, ie) to go in for; to drive

Treibhausluft f. hothouse atmosphere

treu loyal

Trinksitte f. (-n) drinking-custom

Trommelfeuer n. barrage

trüb dark, gloomy

Truhe f. (-n) chest

Trunkenheit f. intoxication

trunkfest drunk

Tschechoslowakei f. Czecho-Slovakia

tüchtig arbeiten (w.) to work hard

Turnhalle f. (-n) gymnasium

üben (w.) to practise; in etwas geübt expert in something

über through, across, over

überall everywhere

Übergang m. (-̈e) transition

überhaupt on the whole; at all; in particular

überlaufen (äu, ie, au) to over-run

überlegen superior; calm

überlegen (ſich, *w.*) to think over
überſiedeln (ſein, *w.*) to move (to another house or place)
übrig haben (hat, hatte, gehabt) to have over
Übung *f.* (–en) exercise, class
Ufer *n.* (—) bank, shore
um ſo mehr all the more
um'formen (*w.*) to transform
Umgebung *f.* environs
um'gehen (geht um, ging um, iſt umgegangen) to get on (with)
um'kehren (ſein, *w.*) to turn round, to turn back
um'kleiden (ſich, *w.*) to change (one's clothes)
Umzug *m.* (⸚e) procession
unbekannt unknown
unerhört extraordinary
ungeſchickt clumsy
ungewöhnlich unusual
unmittelbar direct
unmöglich impossible
unnahbar unapproachable
Unrecht *n.* wrong
unſchlüſſig irresolute
unter'bringen (bringt unter, brachte unter, untergebracht) to accommodate
unterdrücken (*w.*) to suppress, to crush
unterhalten (ſich ä, ie, a) to converse
Unterhaltung *f.* (–en) conversation
unternehmen (unternimmt, unternahm, unternommen) to go for (an excursion)
Unteroffizier *m.* (–e) N.C.O.
Unterricht *m.* instruction
unterrichten (*w.*) to teach

unterſcheiden (ei, ie, ie) to distinguish
Unterſtand *m.* (⸚e) dug-out
unterſuchen (*w.*) to investigate
unterwegs on the way
uralt ancient
Urlaub *m.* leave

veranſtalten (*w.*) to arrange
verantworten (ſich, *w.*) to vindicate oneself
Verantwortlichkeit auf'erlegen (*w.*) to put responsibility on
verbeſſern (*w.*) to improve
verbinden (i, a, u) to connect
Verbindung *f.* (–en) students' club; (telephone) connection
Verbreitung *f.* circulation
verbringen (verbingt, verbrachte, verbracht) to spend (time)
Verdacht *m.* suspicion
verdanken (*w.*) to owe
verdienen (*w.*) to earn
Verein *m.* (–e) club
vereinen (*w.*) to unite
Vereinigte Staaten United States
Vereinigung *f.* (–en) society
vereiteln (*w.*) to wreck (a project)
Verfahren *n.* procedure; es ſoll bei dem alten Verfahren bleiben things are to remain as they are
verfaſſen (*w.*) to write (a book)
vergeblich in vain
Vergnügen *n.* pleasure
verhalten suppressed
Verhältnis *n.* (–ſſe) relationship, footing
verhandeln (*w.*) to negotiate
verheiraten (ſich, *w.*) to marry

Verkehr m. traffic, intercourse; anregender Verkehr interesting friends; reger Verkehr active contact

verkümmert embittered

verkürzen (w.) to shorten

Verlag m. publishing firm

Verlagsbuchhändler m. (—) publisher

verleben (w.) to pass (time)

Verleger m. (—) publisher

verlocken (w.) to entice away

veröffentlichen (w.) to publish

verreisen (sein, w.) to go away from home; verreist away on a journey

versammelt assembled

Versammlung f. (-en) meeting

versäumen (w.) to miss

verschieden various, varied

verschlafen (ä, ie, a) to sleep through

verschlossen very reserved

versehen (ie, a, e) to do, to administer

versetzen (w.) to transfer, to "de-mote"

verspotten (w.) to ridicule

versprechen (i, a, o) to promise

Verständigung f. reconciliation

Verständnis n. understanding

verständnisvoll with understanding

verstecken (w.) to hide

Versuch m. (-e) attempt

verteidigen (w.) to defend

Verteilung (-en) distribution

vertraulich confidential, in confidence

vertreiben (ei, ie, ie) to dislodge

Vertreter m. (—) representative

Verwandte (adj.) relative

verwehren (w.) to forbid

verwenden (w. or verwendet, verwandte, verwandt) to make use of

Verwurzelung f. deep-rootedness; er fühlte seine Verwurzelung im deutschen Boden he felt the depth of his attachment to Germany

verzehren (w.) to consume

verzweifelt in desperation

Vetter m. (—) cousin

vielerlei many kinds of

vielleicht perhaps

Volksdichtung f. folk-poetry

Volkshochschule f. (-n) People's College

völlig complete

vor sich hin to himself

Vorarbeiter m. (—) foreman

vor'bereiten (w.) to prepare

vorderst foremost

vor'gehen (geht vor, ging vor, ist vorgegangen) to be done, to take place

vor'haben (hat vor, hatte vor, vorgehabt) to intend

vor'legen (w.) to present

vor'lesen (ie, a, e) to read out, to lecture

Vorlesung f. (-en) lecture (university)

Vormund m. guardian

Vorplatz m. (¨e) hall

Vorschlag m. (¨e) proposal; einen Vorschlag machen to propose something

Vorsitzende (adj.) chairman

Vorstand m. executive committee

Vorteil m. (-e) advantage

Vortrag m. (¨e) lecture
Vortragsreise f. (–n) lecture-tour

wackelig rickety
wagen (w.) to dare
wählen (w.) to choose
wahnsinnig mad
Waise m. (–n/n) orphan
Waisenhaus n. (¨er) orphanage
wallend rolling
wandern (sein, w.) to ramble, to hike
Wandertag m. (–e) a day's walk
wandte see einwenden
Wange f. (–n) cheek
wanken (w.) to totter
Ware f. (–n) (pl.) commodities, merchandise
Warenhaus n. (¨er) big stores, departmental store
was (etwas) something
Wasserluft f. river-smell
wechseln (w.) to exchange
weich effeminate
Weihnachten (pl.) Christmas
weit broad, far
weiter further; so geht es nicht weiter it can't go on like this
weiter'kommen (o, a, ist o) to get on
Weltbürger m. (—) citizen of the world
Weltpolitik f. international politics
Wendung f. (–en) turn, change
werdendes Menschlein n. embryo
Werft f. (–en) dockyard

Wesen n. (—) nature, individuality
Weste f. (–n) waistcoat
westfälisch Westphalian
wichtig important
widersetzen (sich, w.) to oppose
wider'klingen (i, a, u) to echo
widmen (w.) to devote
wieder'kriegen (w.) to get (a thing) back
Willen m. will; guten Willens with good intentions
willenlos having no will of their own
Winde f. (–n) winch
Winkel m. (—) corner
winzig tiny
wirken (w.) to use one's influence
wirklich really
Wirklichkeit f. reality
Wirkungsfeld n. (–er) field of activity
wirr confused
Wirtin f. (–nen) landlady
wirtschaftlich economic
Wirtsfamilie f.: seine Wirts-familie the family he lodged with
wissender better-informed
Wissenschaft f. (–en) learning, scholarship; science; er war zur Wissenschaft berufen his vocation was scholarship
wissenschaftlich literary, learned, scientific; wissenschaftliche Prosa the language of science
witzig witty
wohl probably
wohlhabend prosperous
wohlwollend well-intentioned

Wohnort *m.* home, dwelling-place

Wohnung *f.* (–en) house, flat; eine Wohnung beziehen to move into a house

wollen (wollt, wollte, gewollt) to want to; wir wollen "let's"

womöglich possibly

Wort *n.* (–e) expression, epigram; (–er) word

wundervoll marvellous

würfeln (*w.*) to play dice

württembergisch from Wurtemberg

Wurzel *f.* (–n) root

Wuth (Wut) *f.* rage; von Wuth entbrannt burning with rage

z. B.: zum Beispiel for example

zäh tough

zahlreich numerous

Zechen *n.* carousing

zeigen (*w.*) to show

Zeit *f.* (–en) time; eine Zeit lang for a time

Zeitvertrieb *n.* pastime

zerreißen (ei, i, i) to pull to bits, to tear down

zeuch (zieh) *imperative* of ziehen to draw

zeugen (*w.*) to give evidence

ziehen (zieht, zog, gezogen) to appoint; to pull, to draw; (sein) to go, to come

Zigeuner *m.* (—) gipsy

Zins *m.* (–en) interest; von Zinsen leben to live on the interest from investments

zittern (*w.*) to tremble

Zopf *m.* "red-tape" (lit. perruque)

zornig angry

Zukunft *f.* future

Zulage *f.* extra allowance

zuletzt finally

zurück'kehren (sein, *w.*) to return

zurück'ziehen (sich zieht, zog, gezogen) to retire

zusammen'hängen (*w.*) to be connected

Zusammenkunft *f.* (–e) meeting

zusammen'nehmen (nimmt, nahm, genommen) to summon up

zusammen'stellen (*w.*) to compile

zusammen'stoßen (ö, ie, ist o) to collide

zusammen'treffen (i, a, ist o) to meet

zu'schlagen (ä, u, a) to agree

zwar it is true, indeed

zweckmäßig geordnet dalag was well-ordered

Zweifel *m.* (—) doubt

Zwischenfall *m.* (–e) incident

Printed in the United States
By Bookmasters